GRUNDLAGEN UND GEDANKEN ZUM VERSTÄNDNIS ERZÄHLENDER LITERATUR

THOMAS MANN: TONIO KRÖGER

von

INGE WILD

VERLAG MORITZ DIESTERWEG
Frankfurt am Main

Die Reihe wird herausgegeben von Hans-Gert Roloff.

Die Deutsche Bibliothek – CIP-Einheitsaufnahme

Wild, Inge:
Thomas Mann: Tonio Kröger / von Inge Wild. – 1. Aufl. –
Frankfurt am Main: Diesterweg, 1994.
(Grundlagen und Gedanken zum Verständnis erzählender Literatur)
ISBN 3-425-06052-X

ISBN 3-425-06052-X

1. Auflage 1994

Umschlaggestaltung: Reinhard Schubert, Frankfurt am Main
Gesamtherstellung: graphoprint, Koblenz

Inhalt

1 Allgemeine Grundlagen

1.1 Bürgertum im 19. Jahrhundert

Im ›bürgerlichen‹ 19. Jahrhundert, als dessen Chronist und Apologet Thomas Mann seit dem Erscheinen von *Buddenbrooks* (1901) und der Bürger-Künstler-Erzählung *Tonio Kröger* (1903) gilt, machte das Bürgertum je nach Grad der Abgrenzung zum Kleinbürgertum nur zwischen 5 und 15 % der Gesamtbevölkerung aus (Kocka 1988, S. 12 f.). Im 18. Jahrhundert hatten sich neben dem alten, traditionalistischen Stadtbürgertum die Schichten der ›neuen Bürgerlichen‹ herausgebildet, das kapitalistische Unternehmertum (Bourgeoisie) und das Bildungsbürgertum mit akademischer Bildung, das stark zur kulturellen Profilierung und Ausformung des Bedeutungshorizontes von Bürgerlichkeit beitrug.

Der Aufstieg des Bürgertums bis zum 1. Weltkrieg läßt sich in drei Phasen gliedern: Von den letzten Jahrzehnten des 18. Jahrhunderts bis Ende der 30er Jahre des 19. Jahrhunderts wurde »die Konzeption einer bürgerlichen Gesellschaft erdacht und ihre Grundlagen realisiert« (Kocka 1988, S. 48). Zwischen 1840 und 1870 leitete der Beginn der Industriellen Revolution in Deutschland eine »bürgertumsinterne Gewichtsverschiebung zugunsten der nunmehr zunehmend fabrikindustriell geprägten, an Wohlstand, Ansehen und Einfluß zunehmenden Bourgeoisie ein. Bildungs- und Wirtschaftsbürgertum wurden einander ebenbürtiger« (ebd., S. 49), obwohl das bildungsbürgerliche Ressentiment gegen die in einem harten Konkurrenzkampf stehende, ›kulturlose‹ Bourgeoisie seine Wirksamkeit behielt (vgl. Wehler 1987 b, S. 207 f.). Trotz Enttäuschungen und Rückzugsbewegungen nach der gescheiterten Revolution von 1848, die die aristokratische Ständegesellschaft nicht durch Parlamentarisierung als Instrument bürgerlicher politischer Herrschaft ablösen konnte, steht »ein offensiv gestimmtes und vorwiegend liberales Bürgertum auf dem Höhepunkt seiner Laufbahn« (Kocka 1988, S. 50). Ungelöst ist jedoch die ›soziale Frage‹; nach dem Entstehen der Arbeiterbewegung in den 60er Jahren nimmt die Abgrenzung nach unten Priorität an, was zu Interessenkoalitionen mit dem Adel und damit auch zum Verzicht auf liberale Grundpositionen führt:

> »Die Strömung, die sich gegen die ›Ideen von 1789‹ richtete, verstärkte sich nach 1848 in Deutschland entscheidend. Und je drängender mit der rasch voranschreitenden Industrialisierung und der enormen Bevölkerungszunahme Deutschlands die soziale Frage wurde, desto mehr radikalisierte sich die konservative Reaktion. Ideologisch wie praktisch schwankte sie zwischen Versuchen einer Refeudalisierung und eindämmenden Maßnahmen, wie sie in Bismarcks Sozialistengesetzen ihren auffälligsten Ausdruck fanden. Nietzsche mit seiner religiös aufgeklärten, aber sozial reaktionären Haltung repräsentiert das von aristokratischen Sehnsüchten geplagte Bildungsbürgertum der zweiten Hälfte des 19. Jahrhunderts, gegen das er sich in gänzlichem Widerspruch glaubte.« (Schmidt 1985 b, S. 135 f.)

Nach der Reichsgründung 1871, im Rahmen der konstitutionellen Monarchie des Wilhelminischen Kaiserreichs, erreichte die bürgerliche Klasse in Deutschland ihre größte Homogenität; sie wurde eingebunden in die ökonomische und patriotische Aufbruchsstimmung der Gründerjahre. Die Grenzen zwischen Wirtschafts- und Bildungsbürgertum lockerten sich weiter auf, und im Zuge der starken wirtschaftlichen Expansion und sozialen Dynamik kamen neue bürgerliche Berufsgruppen hinzu.

Im Frühwerk Thomas Manns wird v. a. das Stadtbürgertum porträtiert, eine kleine Schicht von traditionalistischen Handelsbürgern, die an älteren bürgerlichen Standards festhielten. Die bürgerlichen Oberschichten der alten Städte konnten sich »zu einem Patriziat verdichten, das entweder eine großbürgerliche Elite verkörperte oder förmlich zum Stadtadel wurde.« (Wehler 1987 a, S. 182) Dieser Schicht, die um 1800 in Lübeck ca. 4 % der Bevölkerung ausmachte (vgl. ebd., S. 188), gehören die Familien in *Buddenbrooks* und *Tonio Kröger* an. Thomas Manns Bürgerbegriff bleibt im Frühwerk gebunden an die eigene Herkunftsklasse. Deutlicher als in *Tonio Kröger*, in dessen beiden ersten Kapiteln immerhin die Söhne und Töchter des Stadtpatriziats in ihrer wie selbstverständlich privilegierten sozialen Stellung porträtiert werden, zeigt sich die Dominanz dieses Klassenbewußtseins in *Buddenbrooks*, v. a. in der Schilderung der 48er Revolution, die die realen Lübecker Ereignisse verfälscht (dazu Zeller 1974, S. 61-65). In den Kapiteln 2, 3 und 4 des IV. Teils werden in einem Dreischritt (Aufsässigkeit der Köchin – Bürgerschaftssitzung – Tod Leberecht Krögers) die Revolutionsereignisse nicht, wie es der Realität entspräche, als Unruhen des um die Abschaffung des Ständewahlrechts und damit seiner Privilegien fürchtenden konservativen Kleinbürgertums dargestellt, sondern als folgenloser Aufruhr eines diffusen 4. Standes, personifiziert in der Figur des Lagerarbeiters Corl Smolt, der eine Republik fordert, obwohl Lübeck – wie ihn Jean Buddenbrook als Held dieser Szene belehrt – ja bereits Republik sei: »›Öwer du Döskopp . . . Ji *heww* ja schon een!‹ ›Je, Herr Kunsel, denn wull wi noch een.‹ (GW I, S. 193). Der »Lagerarbeiter mit krummen Beinen« (ebd.), der hier der Lächerlichkeit preisgegeben wird, hat in Wirklichkeit ein sicheres Gespür für reale Machtverhältnisse, ist doch die vorgebliche Identität der Interessen das Scheinargument eines großbürgerlichen Bewußtseins, das Klassengegensätze als naturgewollte Ordnung betrachtet. Der Ausklang der im Roman geschilderten Ereigniskette, der Tod Leberecht Krögers infolge des Steinwurfs eines anonymen Aufrührers, zeigt diese Haltung nochmals in weitaus subtilerer Form: Das einzige Opfer der 48er Revolution ist im Roman ein aristokratischer Bürger. Erst nach Aufgabe der konservativen bürgerlichen Ideologien, die in den *Betrachtungen eines Unpolitischen* (1918) ihren Ausdruck finden, geht Thomas Manns Begriff von Bürgerlichkeit tendenziell über die eigene Herkunftsschicht hinaus und verbindet sich mit einem Begriff allgemeiner Menschlichkeit und Humanität. Dies entspricht dem Anspruch der bürgerlichen Kultur auf allgemeingesellschaftliche Gültigkeit ihrer sozialen und kulturellen Standards.

Bildung entwickelt sich im bürgerlichen Abgrenzungsprozeß des 19. Jahrhunderts nach oben und unten zum Medium der Herausbildung klassenspezifischer

Identität: »Ein ästhetisches Verhältnis zur Hochkultur (Kunst, Literatur, Musik) kennzeichnete das Bürgertum ebenso wie der Respekt vor der Wissenschaft.« (Kocka 1988, S. 27) Diese Bildung entfaltet sich besonders im Binnenraum der bürgerlichen Familie, die nach der im 19. Jahrhundert abgeschlossenen Auslagerung beruflicher Tätigkeit aus dem häuslichen Bereich zum Ort der Rekreation und Privatheit wird. Mit wachsender ökonomischer Absicherung wird der familiäre Binnenbereich zu einem Ort von Muße als Grundbedingung der Weitergabe von Kultur und Aufnahme von »Elementen des Spiels, der Stilisierung und der Reflexion« (ebd., S. 31). Weitgehend vom Bildungsbürgertum geprägte kulturelle Standards bestimmen immer weitere Bereiche des Lebens und überformen oder integrieren auch adlige Lebensformen: »Wenn man so den Zusammenhalt der Bürger und ihre Unterscheidung von anderen durch Normen, Einstellungen und Lebensweisen definiert, wird man die große Wichtigkeit symbolischer Formen für die Identität des Bürgertums würdigen können: Tischsitten und Konventionen, Titel und feine Lebensart, die Kleidung, den (heute aus der Übung gekommenen) Hut.« (ebd., S. 28)

Der Roman *Buddenbrooks* zeigt ein Ensemble solcher symbolischer Formen: familiäre Geselligkeit und Gesprächskultur, die Neigung besonders der Figur Thomas Buddenbrook zu bürgerlicher Repräsentanz. Auch in *Tonio Kröger* werden der gepflegte Habitus und bürgerliche Lebensformen des Protagonisten (bis hin zum Hut, vgl. 28) als soziales Distinktionsmerkmal ausdrücklich betont. Anders als in *Buddenbrooks* löst sich jedoch der Handlungsort vom Binnenraum der bürgerlichen Familie ab.

Bald nach der Reichsgründung entstand ein Diskurs über die Kulturlosigkeit des Kaiserreichs: »Zwei Jahre nach der Reichsgründung machte Friedrich Nietzsche darauf aufmerksam, daß der deutsche Waffensieg über Frankreich nicht als Sieg des deutschen Geistes über die französische Kultur mißverstanden werden dürfe, und sprach von der Austreibung des Geistes im Bismarckreich.« (Hohendahl 1988, S. 216) Der Spott über das Bildungsdefizit bürgerlicher Aufsteigerschichten wird zum beliebten Thema der Literatur. In *Frau Jenny Treibel* gestaltet Fontane exemplarisch das Zusammentreffen von Bildungsbürgertum und neureichem Wirtschaftsbürgertum, das seinen sozialen Aufstieg durch Nachweis einer trivialisierten Literatur- und Kunstrezeption kulturell legitimieren will. Auch im Frühwerk Thomas Manns wird solche bürgerliche Kunstrezeption vielfach ironisiert. Die Verspottung des verseschreibenden Kaufmanns im 7. Kapitel von *Tonio Kröger* ist zudem ein Indiz dafür, daß sich der Künstler in einer Gesellschaft mit zunehmender beruflicher Differenzierung ebenfalls als Spezialist begreift, der dilettantische Kunstproduktion und -rezeption zurückweist.

1.2 Genese des Künstler-Bürger-Gegensatzes: Romantik – l'art pour l'art – Dekadenz

In den letzten Jahrzehnten des 18. Jahrhunderts löst sich Literatur aus religiösen und höfischen Funktionsbestimmungen und wird zu einem Medium bürgerlicher Identitätsfindung. Schriftsteller werden zu Wortführern des bürgerlich-individuellen Selbstverständigungsprozesses und tragen wesentlich zur Konstituierung einer ›öffentlichen Meinung‹ bei (vgl. Habermas 1971 und Wehler 1987 a). Durch das Eindringen bürgerlicher Schichten in gesellschaftliche und ökonomische Machtpositionen relativiert sich jedoch bald die Utopie eines neuen Menschen, der Einheit von Vernunft und Tugend, von Bildung und Besitz. Nachdem bereits Kant die Autonomie der Kunst postuliert hatte, führen die literaturprogrammatischen Konzepte der Frühromantik (Friedrich Schlegel, Novalis) die Kunst konsequent heraus aus dem Anspruch bürgerlichen Nützlichkeitsdenkens und einer Erziehungsfunktion, die für die künstlerische Praxis der Aufklärung noch weitgehend selbstverständlich gewesen war. Kunst wird idealistisch überhöht und als vornehmste Ausdrucksform des menschlichen Geistes begriffen. Die Erfahrung gesellschaftlicher Ohnmacht wird vielfach zu einem elitären Außenseitertum des Künstlers verklärt.

Im Verlauf der Konsolidierung bürgerlicher Macht verschärft sich die Trennung von kritischer und apologetischer Kunst. Die Programmatik des l'art pour l'art bestimmt Kunst und ihre ästhetische Eigengesetzlichkeit nicht nur als autonome, sondern zunehmend als un- oder antibürgerliche Gegenwelt. Parallel zum l'art pour l'art entwickeln sich etwa ab Mitte des Jahrhunderts neue künstlerische Gestaltungsformen der bürgerlichen Welt, die technischen und wissenschaftlichen Fortschritt als ästhetische Herausforderung annehmen. Der literarische Realismus verbindet Bürgerkritik mit einer umfassenden Darstellung bürgerlichen oder auch von Restformen adligen Lebens und dem Anspruch auf Verwissenschaftlichung des Romans. Ab den 70er Jahren macht der Naturalismus mit seinem noch stärker akzentuierten Wirklichkeitsanspruch die verschärfte soziale Frage zum Thema der Literatur.

Ab Mitte des Jahrhunderts entwickelt sich ein resignatives Gefühl des Kulturverfalls. Die Wirklichkeitswahrnehmung weiter Teile der Intelligenz zeigt eine starke Ambivalenz zwischen Fortschrittsoptimismus angesichts technischer Erfindungen, ökonomischer Expansion, Verwissenschaftlichung des Denkens sowie der künstlerischen Methode und einer Faszination durch das Müde, Kranke, Lebensuntüchtige. Dekadenz als Ausdruck einer kulturellen Überfeinerung und damit Überalterung der europäischen Zivilisation wird zu einer Erfahrungsweise der zeitgenössischen Realität. Diese Doppelstruktur von Aufbruchs- und Untergangsstimmung mündet ein in vielfältige ästhetische Gegenmodelle zur bürgerlich-aktiven Gesellschaft und steigert sich zum wirklichkeitsfeindlichen Ästhetizismus des Fin de siècle. Der Prozeß, Kunst als rein ästhetisches Phänomen zu begreifen, die künstlerische Existenz und Produktion aus lebenspraktischen Bindungen zu lösen, kommt jetzt zu seinem Höhepunkt. In Absetzung vom

Naturalismus, dessen Einlassen auf die Alltagswirklichkeit als vulgär erfahren wird, entwickelt sich ein antirationalistischer Gefühls-, Empfindungs-, Sprach- und Formenkult, der das bürgerliche Publikum bewußt ausgegrenzt.

Das Frühwerk Thomas Manns zeigt eine deutliche Prägung durch die literarischen und künstlerischen Entwicklungslinien des 19. Jahrhunderts. Das Programm des Realismus und Naturalismus, historische und gesellschaftliche Prozesse im Medium des Romans abzubilden, erprobt er in *Buddenbrooks*; weit stärker noch als der Roman zeigen sich die Erzählungen von den Themen und Darstellungsmustern der Dekadenz und ästhetizistischer Lebensfeindlichkeit beeinflußt. Jedoch ist die Haltung des jungen Thomas Mann ambivalent; er teilt zwar das ästhetizistische Selbstverständnis von der Außenseiterposition des Künstlers, setzt sich aber von der publikumsfeindlichen Zuspitzung avantgardistischer Kunstpraxis deutlich ab. Im Unterschied zu Heinrich Mann, der »das Künstlerisch-Besondere« grell herausstellt, will »die Sprachhaltung des jüngeren Bruders gewinnender sein« (Lehnert 1992, S. 198). Gegenpol dazu ist eine Haltung der Distanz: »Neben der Metapher einer Spannung von Zuwendung zu und Distanz vom Leser begreifen wir Thomas Manns Selbstbewußtsein als Dichter unter dem Bild eines freien Schwebens über ideologischen, weltanschaulichen oder ästhetischen Positionen, die in seiner Umwelt gültig sind.« (ebd., S. 200 f.) *Tonio Kröger* ist ein Dokument dieser Ambivalenz; in der Kunstreflexion des Textes wird der Versuch unternommen, nach der doppelten Distanzierung vom Bürgertum und von einer antibürgerlichen, ästhetizistischen Kunst einen dritten Weg zu finden, der den Künstler als Beobachter und kritischen Deuter des bürgerlichen Lebens bestimmt. Daß diese Kritik mitunter in »einer konservativen Bildlichkeit oder Begrifflichkeit« (ebd., S. 200) vorgetragen wird, zeigt die Ideologieanfälligkeit einer solchen vermeintlich ›freischwebenden‹ Ästhetik.

Nach der Jahrhundertwende überwindet ein neuer Optimismus das Lebensgefühl der Dekadenz, der sich literarisch legitimiert im Anschluß an die Tradition der deutschen Klassik. Die Schiller-Studie *Schwere Stunde* von 1905 zeigt, daß auch Thomas Mann der literarischen Richtung der Neuklassik verpflichtet ist. Zeitlebens betont er jedoch seine Prägung durch die Literatur der Dekadenz. Verfeinerung des ästhetischen Menschen, Interesse für psychische Pathologie, erotische Extravaganz, die Ambivalenz von bürgerlichem Lebenswillen und Morbidität bleiben ebenso wie die Freisetzung der Kunst aus sozialen Bindungen wesentliche Elemente seines künstlerischen Selbstverständnisses. In den *Betrachtungen eines Unpolitischen* bekennt er sich entschieden »als Chronist und Erläuterer der Décadence, Liebhaber des Pathologischen und des Todes, ein Ästhet mit der Tendenz zum Abgrund« (GW XII, S. 153).

Eine weniger radikale Form künstlerischer Verweigerungshaltung ist die Bohème, die sich bis zur Jahrhundertwende in verschiedenen europäischen Metropolen formiert (dazu Kreuzer 1971). Sie wird als un- oder antibürgerliche Lebensform auch von Thomas Mann während der mit dem Bruder verbrachten römischen Jahre (1895, 1896-1898) und im Kontakt zu Vertretern der Schwabinger Bohème wie Martens, Wedekind und Derleth erprobt: »Das Kommunikationszentrum der deutschen und österreichischen Boheme ist das Kaffeehaus als die Sphäre, in der man vom Frühling und vom ›Leben‹ nicht gestört wird, wie Adalbert, der Novellist, in *Tonio Kröger* urteilt.« (Kurzke 1985, S. 105) Im Frühwerk wird die Bohème mehrfach gestaltet, wird jedoch als Basis künstlerischer Inspiration und Produktion abgelehnt.

In *Tonio Kröger* formuliert Thomas Mann in Absetzung von Bohème und Ästhetizismus das Programm seiner späteren Lebens- und Kunstpraxis: die Synthese bürgerlicher Lebensformen und kritisch-autonomer Kunst. Eine so bestimmte Rolle der Kunst hat in der Gesellschaft des Kaiserreichs durchaus utopischen Charakter. Die offizielle Wilhelminische Kulturpolitik bringt den Künstler-Bürger-Gegensatz des 19. Jahrhunderts zu seiner schärfsten Ausformung. Vom Kaiser zum Teil selbst formulierte Kunstmaximen und Zensurmaßnahmen sollen die Kunst politischen Zielen dienstbar machen. Das Wilhelminische Zeitalter »stand in Gegensatz zu allem, was als ›moderne Literatur‹ und als literarisches Experiment seit 1888/89 geschaffen wurde. Seit und unter Wilhelm II. ist die moderne Literatur mehr oder minder Oppositionsliteratur gewesen und der Poet meist der Ketzer der Gesellschaft.« (Schwerte 1981, S. 13)

Für die künstlerische Rollenproblematik, die sich aus einer solchen Zurückweisung autonomer Kunst ergibt, ist *Tonio Kröger* ein aufschlußreiches literarisches Zeugnis. Das Verhältnis des Künstlers zu seinem bürgerlichen Publikum wird auf zwei Ebenen reflektiert: Es ist zum einen Zentrum des innerliterarischen Diskurses, zum anderen wird es akzentuiert durch die ironische Darstellung einer Reihe bürgerlicher Figuren. Der Künstler ist in seinem Selbstverständnis derjenige, der sensibler als der Bürger auf kulturhistorische Prozesse und Mentalitätsveränderungen reagiert und sie in seinem Werk erst bewußt macht. Als Gegenbewegung zur gesellschaftlichen Problematisierung der Funktion von Kunst werden mitunter ältere Vorstellungen von einer mythisch besetzten Rolle des Dichters aufgegriffen. Dies kann sich bis zu einer quasi-sakralen Überhöhung der dichterischen Berufung steigern, wie sie von Stefan George und seinem Kreis zelebriert wird. Die emphatische Kunstprogrammatik des letzten Kapitels von *Tonio Kröger* ist von einer solchen Hochstilisierung der künstlerischen Sendung deutlich geprägt. Mit der zunehmenden Überhöhung und Ästhetisierung von Kunst problematisiert sich jedoch auch das künstlerische Selbstverständnis: »Ende des Jahrhunderts wird die Selbstanalyse des Künstlers zum moralischen Gerichtsprozeß, das gilt für Ibsen wie für Heinrich Mann und Hofmannsthal. Der Preis für das ästhetische Dasein oder, was nicht dasselbe ist, für ästhetische Produktion wird erkannt; die Kunst selbst hat nun aufgehört, ganz unverdächtig zu sein.« (Wuthenow 1978, S. 25) Ausdruck der Sonderrolle des Künstlers ist ein gedanklich und literarisch immer wieder inszeniertes Spiel mit der Nähe des Künstlers zum Kriminellen:

»Von Johannes Schlafs ›Meister Oelze‹ und Thomas Manns ›Erlebnissen [sic] des Hochstaplers Felix Krull‹ über Gerhart Hauptmanns Mutter Wolffen im ›Biberpelz‹ und im ›Roten Hahn‹, Rose Bernd und den Sträfling Lorenz Lubota im ›Phantom‹ bis zu Döblins Franz Biberkopf in ›Berlin Alexanderplatz‹ und Wassermanns ›Fall Maurizius‹ ist das Verbrechen und der *Verbrecher* als der von der bürgerlichen Gesellschaft Ausgestoßene immer wieder zum Gegenstand der Darstellung gemacht worden.« (Rosenhaupt 1981, S. 70)

Eine solche Kriminalisierung des Künstlers wird auch in *Tonio Kröger* gestaltet, wenn Tonio sich bezeichnenderweise in seiner Vaterstadt als unverdächtiger Bürger legitimieren muß. Obwohl gerade Thomas Mann die bürgerliche Repräsentanz des Künstlers, den Ruhm beim bürgerlichen Publikum wie kaum ein anderer Autor der Zeit zum Ziel seiner schriftstellerischen Tätigkeit macht, ist andererseits die sozial nicht festgelegte, bürgerlich verdächtige Außenseiterposition des Dichters ein wesentlicher Aspekt seines künstlerischen Selbstverständnisses. In *Tonio Kröger* wird das Problem der gesellschaftlichen Rolle des Künstlers in den programmatischen Schlußpassagen scheinbar gelöst; es stellt sich jedoch im *Tod in Venedig* erneut in seiner ganzen Schärfe. Der geadelte ›Staatsschriftsteller‹ Gustav Aschenbach wird durch den Zusammenbruch der vom bürgerlichen Menschen geforderten Trieb- und Affektkontrolle in den moralischen und physischen Untergang getrieben. Genau auf der Grenzlinie zwischen bürgerlicher Contenance und Hingabebereitschaft an anarchische und – nach damaligem bürgerlichem Rechtsempfinden – kriminelle homoerotische Neigungen schreibt er jedoch im Anblick Tadzios jene »vier Seiten erlesener Prosa« (vgl. 4. Kapitel), die in der Intention des Textes höchster Ausdruck seiner künstlerischen Gestaltungskraft sind. Das Triebverlangen, das die Beobachtung des schönen Knaben erweckt, wird in einem Sublimierungsprozeß so in Kunst umgesetzt, daß deren Ursprung in eben diesen Trieben und Affekten nicht mehr erkennbar ist und die Grenzlinie einer vom bürgerlichen Geschmacksempfinden kontrollierten Ästhetik nicht überschritten wird. In *Tonio Kröger* wird die Stellung des Künstlers als Grenzgänger »zwischen zwei Welten« (73) bestimmt; dieses Selbstverständnis blieb für Thomas Mann zeitlebens bestimmend: »Der bürgerlichen Solidität gegenüber hegte der Autor der *Buddenbrooks* und des *Todes in Venedig* seine eigenen Zweifel, trotz aller Integrationsbestrebungen; das macht ihn zu einer Gestalt, die Repräsentant und Ausnahme zugleich ist.« (Žmegač 1981, S. XLIII)

1.3 Tendenzen der Literatur des Fin de siècle

Die Begriffe *Literatur der Jahrhundertwende* oder des *Fin de siècle* bezeichnen die Literatur der Moderne zwischen 1890 und 1914 (nach der Periodisierung bei Rasch 1981, S. 18). Die Erfahrung der Auflösung festgefügter Ordnungen und geistiger Orientierungssysteme wird in vielen zeitgenössischen Texten thematisiert: »Großstadt, Technik, Fabrik, Arbeiterstand, die Deklassierten, die Bohemiens, Randfiguren der bürgerlichen Gesellschaft wie der Dichter selbst seitdem, traten damals in den Bereich literarischer Darstellung und Symbolik.« (Schwerte 1981, S. 6) Die Literatur um 1900 ist geprägt von einer Vielfalt der Stilrichtungen; Bezeichnungen wie Naturalismus, Dekadenz, Symbolismus, Impressionismus und Jugendstil werden ohne strenge Abgrenzung gebraucht. Wenn Thomas Mann in bezug auf *Tonio Kröger* von »Prosa-Ballade« spricht (GW XII, S. 90) und das

4. Kapitel »das lyrisch-essayistische Mittelstück« nennt (GW XI, S. 115), so entspricht das durchaus dem »Gattungssynkretismus« des Fin de siècle (Žmegač 1981, S. XXXI).

Autoren, die die Erfahrung einer Identitäts- und Sprachkrise als Ausdruck eines modernen Bewußtseins künstlerisch gestalten, sind neben Heinrich und Thomas Mann Gerhart Hauptmann, Frank Wedekind, Stefan George, Rainer Maria Rilke, Hermann Hesse sowie Arthur Schnitzler, Hermann Bahr, Hugo von Hofmannsthal und Robert Musil als Vertreter der Wiener Moderne. Wichtig für das Verständnis der Literatur seit 1890 ist die Kategorie »der Abweichung einerseits von der herkömmlichen Motiv- und Sprachwelt und andererseits zugleich von der zeitgenössischen Wirklichkeitswelt und ihren Normen.« (Rasch 1981, S. 25) In diesen Kontext stellt Rasch auch die Vorliebe für groteske Motive in Thomas Manns Frühwerk (ebd., S. 26). Ihren philosophischen Ausdruck hatte die moderne Identitätskrise bei Nietzsche gefunden, dessen Wirkung auf die Literatur der Jahrhundertwende »unabsehbar groß« ist (ebd., S. 40). Im Kontext der pessimistischen Weltsicht des Fin de siècle gelangt auch Schopenhauer »gegen Ende des Jahrhunderts zu seiner breitesten Wirkung« (ebd., S. 41). Von beiden Philosophien ist das Frühwerk Thomas Manns entscheidend geprägt (vgl. Kap. 4.2).

Den zum Teil aggressiven »Kulturnationalismus« des Kaiserreichs (Hohendahl 1988, S. 217) spiegelt eine breite Richtung apologetischer Literatur bis hin zu Heimatkunst, die in bewußt antimodernem Affekt an »das gesamte nach- und restromantische Vorstellungsarsenal des 19. Jahrhunderts« anknüpft (Schwerte 1981, S. 11). Weiter wirksam ist auch die breite Traditionslinie des bürgerlichen Realismus, repräsentiert von den älteren Autoren Gottfried Keller, Conrad Ferdinand Meyer, Wilhelm Raabe und Theodor Fontane, an die der Roman *Buddenbrooks* anschließt.

In *Tonio Kröger* unternimmt Thomas Mann den Versuch, moderne und vormoderne literarische Traditionslinien zusammenzuführen. Mit Hofmannsthal verbindet ihn die »Faszination von der Spannung zwischen dem individualistisch-kreativen Außenseiter und den Forderungen der Gesellschaft und die distanzierte Teilnahme an den Zeitströmungen wie Symbolismus, Neuromantik und Neuklassik.« (Lehnert 1990, S. 149) In seiner Bürgerkritik und der Stilisierung des Dichters zum aristokratischen Außenseiter ist *Tonio Kröger* durchaus ein Text der Moderne. Andererseits greift Thomas Mann jedoch auf Sprach- und Gefühlshaltungen eines vormodernen Lebensgefühls zurück, dessen deutlichster Ausdruck der romantische Sehnsuchtstopos ist. Autoren wie Hofmannsthal, Hesse und Hans Carossa versuchen in ähnlicher Weise, eine Synthese aus einem »poetisch schöpferischen Stilkonservativismus«, der auf die gesamte abendländische Überlieferung zurückgreifen will, und dem modernen artistischen Experiment zu gestalten (Schwerte 1981, S. 12). Thomas Manns »parodistische Lösungen« (ebd., S. 13) sowie seine Neigung zu stilistischen Manierismen, die auch in *Tonio Kröger* zu beobachten ist, sind ein Beweis für den schwierigen Charakter einer solchen Synthese.

Entscheidende Formen des gesellschaftlichen Aufbruchs der Jahrhundertwende sind die Bewegung der Lebensreform und die Jugendbewegung mit ihrem Entwurf alternativer, zum Teil bohèmehafter Lebenskonzepte unterschiedlichster ideologischer Prägung (dazu Žmegač 1981, S. XXVI ff.), deren geistiger Ursprung die Lebensphilosophie Nietzsches ist: »In der Jugend mythisiert Nietzsche das noch nicht entfremdete Leben. Deshalb scheint ihm die Jugend berufen, aus der Kulturkrise herauszufinden.« (Schmidt 1985 b, S. 157) In München wird 1896 die programmatisch antidekadente Zeitschrift »Jugend« gegründet, die stil- und meinungsbildend für ein neues, kraftvolles Lebensgefühl wird. Die Wandervogel-Bewegung, eine der jugendlichen Realisationsformen der Lebensphilosophie, sucht Gegenräume zur städtischen Zivilisation nicht nur in einem freien Leben in der Natur, sondern auch in literarischen Gegenwelten, die auf romantische Außenseiter- und Ausbruchsphantasien zurückgreifen. Die Beziehung zwischen der Jugendbewegung und ihrer literarischen Adaption ist zwar noch unzureichend erforscht, doch läßt sich mit Sicherheit sagen, daß *Tonio Kröger* produktions- und rezeptionsästhetisch auf spezifisch jugendliche Welterfahrungen der Zeit bezogen ist. Thomas Mann hat den jugendlichen Charakter der Erzählung immer wieder betont; er spricht von einer »Jünglingsnovelle« (GW XI, S. 135), seinem »Werther« (Briefe II, S. 202) und berichtet mehrmals von jugendlicher Rezeption. Das Lesepublikum der *Buddenbrooks* war nach seiner Auffassung die »gebildete Mittelklasse; aber die intellektuelle und radikale Jugend, die den Radikalismus damals freilich noch nicht politisch meinte, ergriff den ›Tonio Kröger‹ als ihr gemäß« (GW XII, S. 90). In der Entgegensetzung kraftvoller Jugendlichkeit der Figur Hans Hansen, die durchaus Züge des neuen Männlichkeitsideals des Kaiserreichs aufweist, und träumerischer Intellektualität der Figur Tonio Kröger bildet die Erzählung Ambivalenzen jugendlichen Selbstverständnisses der Jahrhundertwende ab.

Der Begriff des Lebens ist *der* epochentypische Begriff der Jahrhundertwende: »Alle Formprinzipien, die in der Literatur dieser Zeit wirksam werden, lassen sich schließlich zurückbeziehen auf diesen Lebensbegriff, der die [...] entscheidende Erfahrung jener Jahrzehnte, die Erfahrung der Einheit und Allverbundenheit des gesamten Seienden mit enthält.« (Rasch 1981, S. 27) Zeittypisch ist auch die Vorstellung, »Imagination und Leben eins werden zu lassen« (Žmegač 1981, S. XXX). Im leitmotivischen Sehnsuchtsmotiv, dem Wunsch, bürgerlich naive und künstlerisch reflektierte Welterfahrung verschmelzen zu können, zeigt sich *Tonio Kröger* auch von diesem Ideologem der Jahrhundertwende beeinflußt. Gemeinsam ist vielen Autoren der Zeit die auch für *Tonio Kröger* typische Neigung, »geistesgeschichtliche Gegensätze zu entwerfen und aufs großzügigste damit zu operieren. Bald wurden Kultur und Zivilisation gegeneinander ausgespielt, bald Gemeinschaft und Gesellschaft, bald Leben und Geist. [...] Auch der differenzierende Ironiker Thomas Mann tendiert, trotz scharfer analytischer Beobachtung im einzelnen, insgeheim zur typologischen Allegorie.« (Žmegač 1981, S. XLV) Diese zeitgenössische Tendenz, in Gegensätzen zu denken, ist ein konstituierendes Gestaltungsprinzip der Erzählung *Tonio Kröger*.

1.4 Das Frühwerk Thomas Manns – persönliche und literarische Voraussetzungen

Die Verweigerung des bürgerlichen Erbes durch die Söhne, ein Grundthema des Thomas Mannschen Frühwerks, ist ein allgemeines Phänomen der literarischen Szene der Jahrhundertwende. Neben den Brüdern Mann führen Autoren wie Hofmannsthal, George und Derleth eine Existenz als freier Schriftsteller, die jedoch durch eine Rente oder Einkünfte aus väterlichem Vermögen abgesichert ist. Kontrapunkt einer solchen ›parasitären‹ Existenz ist ein ironisch-distanzierter Blick der sozial Entwurzelten, aber finanziell Gesicherten auf das bürgerliche Leben. Die soziale Rollenproblematik des jungen Thomas Mann, der nach dem Tod des Vaters und der Auflösung der väterlichen Firma ein Gefühl sozialer Deklassierung erfährt und nach dem Umzug der Mutter nach München in einen ganz anderen sozialen und emotionalen Erfahrungsraum kommt, wird überlagert und verstärkt durch die zeitgenössische Problematisierung der Rolle des Künstlers. Die Entscheidung, Schriftsteller zu werden, muß daher persönlich und gesellschaftlich legitimiert werden. Soziale Versagensängste sind das Thema der Erzählung *Der Bajazzo* (1897); in der Kopplung menschlicher und künstlerischer Sterilität deutet sich hier ex negativo bereits die in *Tonio Kröger* als Programm formulierte Lösung des Problems, die Aussöhnung des Künstlers mit dem Bürgertum, an. Mit dem langsam einsetzenden literarischen und finanziellen Erfolg der *Buddenbrooks*, also der bürgerlichen Anerkennung geleisteter ›Arbeit‹, findet Thomas Mann zu einem neuen Selbstverständnis als repräsentativer Künstler, das jedoch bis zum Ende seines Lebens aus inner- und außerliterarischen, zumeist politischen Gründen immer wieder neu legitimiert werden muß.

Auf der Ebene einer individualpsychologischen Betrachtungsweise läßt sich ein Psychogramm Thomas Manns als einer problematischen Persönlichkeit entwerfen, wofür die seit 1975 edierten Tagebücher ein wichtiges Dokument sind. Gestörter Narzißmus, das »Pendeln zwischen den Polen grandiosen Selbst-Gefühls und blanker Depression« (Dierks 1990, S. 287), erotische Ambivalenz mit intensiven homoerotischen Neigungen seit der Pubertät und Furcht vor sozialer Deklassierung führen zu Identitätsproblemen, die sich im Frühwerk immer wieder als Antagonismen, v. a. als Gegensatz Künstler – Bürger oder Kunst – Leben, ästhetisch objektivieren. Gerade aus dieser Zwischenposition entwickelt sich jedoch produktive Energie, wobei insbesondere die erotische Ambivalenz eine der »tiefsten Quellen« von Thomas Manns Produktivität ist (Vaget 1990, S. 580). Für Haug ist das Frühwerk »eine innere Biographie des ›problematischen Ichs‹« (Haug 1969, S. 2). Er führt den Begriff des wirklichkeitsreinen Träumers als einen für die Psychologie des jungen Thomas Mann wesentlichen Aspekt ein (vgl. ebd., S. 11 ff.). ›Wirklichkeitsrein‹ ist ein Begriff Thomas Manns, den er mehrmals in Verbindung mit Jugend gebraucht (vgl. GW XI, 121 und GW X, 591). Gegen die unbegrenzten Lebens- und Denkmöglichkeiten des jugendlich-träumerischen Bewußtseins, wie es sich im Essay *Süßer Schlaf* (1909) sowie in der Affinität zur Philosophie Schopenhauers zeigt, stellt sich das Realitätsprinzip, das sich im bürgerlichen Leistungsethos verkörpert. *Der Bajazzo* ist für Haug eine noch weitgehend unverhüllte autobiographische Schlüsselnovelle; im *Tonio Kröger*, dem anderen Schlüsseltext des Frühwerks, werde die existentielle Krise bereits »von Selbstmitleid und Selbstverklärung« überlagert (ebd., S. 22).

Verläßt man die Ebene einer solchen individualpsychologischen Deutungsweise, so zeigt das von Haug entworfene Psychogramm des Träumers/Künstlers starke Affinitäten zum zeitgenössischen Bewußtsein der prekären Rolle des Künstlers und seiner Verweigerungshaltung gegenüber der bürgerlichen Realität. Die literarische Moderne der 90er Jahre prägt Thomas Manns Werk nachhaltig. Er macht sich »sowohl Hermann Bahrs Schlagwort von der Überwindung des Naturalismus als auch Bourgets und Nietzsches Ruf nach der Überwindung der décadence zu eigen.« (Vaget 1990, S. 540) Das Frühwerk ist eine Kette literarischer Stilübungen mit dem Grundthema des problematischen Künstlers als deutlichstem Aspekt von Modernität. Am eindringlichsten ist das Zusammenspiel von persönlicher Identitätssuche und Aufnahme eines literarischen Diskurses über die Rolle des Künstlers in *Tonio Kröger* gestaltet.

1.4.1 Die frühen Erzählungen

Das Frühwerk, von der ersten veröffentlichten Erzählung *Gefallen* (1894) bis zum *Tod in Venedig* (1912), ist geprägt von einer Reihe von Stereotypen. Neben der durchgängigen Thematik des problematischen Außenseiters, die sich zunehmend zur künstlerischen Identitätssuche verdichtet, zeigt sich – zuletzt in *Tonio Kröger* – eine Identität von Orten, Räumlichkeiten, Namen und Figurenkonstellationen, die sich als immer neue Variation biographischer Muster der Lübecker Zeit und deren bereits erfolgter eigener literarischer Gestaltung erweisen. Zur ästhetischen Gestaltung dieses biographischen Erinnerungsraums tritt ein produktiver Umgang mit der literarischen Tradition, der sich in einer deutlichen Tendenz zum Kontrafakturverfahren und der ausgeprägten Intertextualität der Texte zeigt (vgl. Vaget 1990, S. 538 f.). In der literarischen Inszenierung der Problematik von Kunst und Künstler, der Ästhetisierung und Psychologisierung des Schreibens zeigt sich Thomas Mann am stärksten von den literarischen Tendenzen der Moderne beeinflußt. Seine »Erzählkunst« markiert »den ersten großangelegten Versuch in der deutschen Literatur, den neuen, hohen Ansprüchen an Erkenntnis und Artistik zu genügen, die Flaubert und Nietzsche an das Schreiben gestellt hatten«; er erreicht dies »kraft einer entschiedenen Horizontöffnung auf außerdeutsche Modelle und auf philosophische Kritik« (ebd., S. 536). Flaubertsches Erbe ist auch die Arbeit am Stil, die Suche nach dem ›mot juste‹, in der Terminologie Thomas Manns »das scharfe, gefiederte Wort, das schwirrt und trifft und bebend im Schwarzen sitzt« (GW X, S. 21). Soziale Fragestellungen, wie sie der Naturalismus aufgenommen hatte, kommen dagegen v. a. in den frühesten Erzählungen kaum in den Blick. Vage angedeutete gesellschaftliche Konflikte werden zumeist individualisiert und erscheinen als psychische Probleme der an der Realität leidenden Figuren.

Mehrmals wird im Frühwerk der Versuch unternommen, die Philosophien Schopenhauers und Nietzsches sowie die Musik Wagners zu literarisieren. Die Schopenhauersche »Triebphilosophie« (GW IX, S. 480) von der Spannung zwischen Intellekt und dem Willen zum Leben, die Freudsche Einsichten über die Struktur der menschlichen Psyche vorwegnimmt (vgl. Kristiansen 1990, S. 278), prägt eine Reihe von Erzählungen von der exemplarischen Behandlung in *Der kleine Herr Friedemann* bis zum *Tod in Venedig*. Sie wird gestaltet als Einbruch sexueller, häufig als dämonisch erfahrener Triebenergie in die ruhige Oberfläche eines Lebens, das zuvor durch Triebkontrolle und die Ästhetisierung kultureller Standards bestimmt war. Gegenpol zu Schopenhauers Lebensverneinung bildet Nietzsches Lebensapologie; dieser leitmotivische Gegensatz der frühen Erzählungen wird am überzeugendsten und mit der größten ironischen Distanz in *Tristan* gestaltet. In der Schlußpassage verlacht jugendliches Leben den dekadenten Künstler Spinell, ist aber seinerseits in der auktorialen Erzählintention lächerlich. Zwischen diesen Polen steht die wohl suggestivste literarische Gestaltung Wagnerscher Musik im Frühwerk. In *Tonio Kröger* ist die zerstörerische Triebenergie des Willens entschärft durch die platonische Liebe zu den Blonden und Blauäugigen als verbürgerlichte Form des Lebens, sie ist aufgehoben im leitmotivischen romantischen Sehnsuchtstopos.

1.4.2 »Buddenbrooks«

Eine herausragende Stellung im Frühwerk nimmt der Roman *Buddenbrooks* ein, der zwar thematische und formale Bezüge zu den Erzählungen hat, aber durch die Darstellung größerer Zeiträume und komplexerer sozialer Beziehungsgefüge eine ganz andere Art der erzählerischen Organisation und infolge der mimetischen Ansprüche des realistischen Romans einen präziseren Zugriff auf Wirklichkeit erfordert. Eine gleichermaßen anspruchsvolle erzählerische Leistung wird Thomas Mann erst wieder mit dem Roman *Der Zauberberg* (1924) gelingen. Bereits eine zeitgenössische Rezension von 1903 spricht von *Tonio Kröger* als »Nachwort« zu den *Buddenbrooks*. Die neuere Literaturkritik hat diese Auffassung präzisiert und sieht in der Figur Hanno Buddenbrook einen literarischen Typus, der in *Tristan* und *Tonio Kröger* weiter entwickelt wird:

> »Was in den ›Buddenbrooks‹ durch vier Generationen und über viele hundert Seiten hin abgehandelt worden war, erscheint hier zur knapp formulierten Vorgeschichte komprimiert, geschrieben aus der Sicht dessen, für den sie bereits bedeutungslos geworden ist [...]. ›Tonio Kröger‹ ist nicht nur die Geschichte Thomas Manns, wiederum ins Spielerisch-Fiktive übersetzt, sondern zugleich die fortgesetzte Geschichte des kleinen Hanno Buddenbrook.« (Koopmann 1975, S. 22 f.)

In *Buddenbrooks* wird die Affinität zum Tode mit Musik konnotiert, während die Literatur, die sich in der Figur des aristokratischen Außenseiters Kai personifiziert, zum Lebens- bzw. Überlebenswillen motiviert. Tonio Kröger ist der Erbe beider Figuren; die Todesproblematik des Romans ist sublimiert zum Antagonismus Kunst – Leben, zur Kunstmaxime, »daß man gestorben sein muß, um ganz ein Schaffender zu sein« (27).

Koopmann sieht die Figuren Hanno, Tonio Kröger und Tadzio im *Tod in Venedig* als literarische Objektivierungen der künstlerischen Identitätsproblematik des jungen Thomas Mann: »In Hanno Buddenbrook hat Thomas Mann sich offenbar aus einem tiefen Mißtrauen sich selbst gegenüber dargestellt und sein Schicksal als das des zum Untergang bestimmten späten Erben begriffen« (Koopmann 1984, S. 96 f.). Nach der Wiederannahme des bürgerlichen Erbes in *Tonio Kröger* werde im *Tod in Venedig* das mit Hanno entworfene und in Tonio Kröger aus der Sohnesrolle herausgeführte Selbstporträt überhöht und erscheine als »literarisches Über-Ich Thomas Manns« (ebd., S. 97).

1.5 »Tonio Kröger«

Tonio Kröger erweist sich als Mittelpunkt und dichteste reflexive Ausgestaltung der durchgängigen und dominanten Künstlerthematik des Frühwerks. Die biographisch motivierte Abarbeitung am Gegensatz Künstler – Bürger, zu deren literarischer Gestaltung Thomas Mann einerseits auf die Szenarien und Personenkonstellationen seiner Lübecker Herkunft, andererseits auf die vielfältigen literarischen Muster des Künstler-Bürger-Gegensatzes von der Genie-Ästhetik des Sturm und Drang bis zum Ästhetizismus zurückgreift, erreicht in diesem Text die höchste Intensität. Alle Gedanken und Motive des Frühwerks, die oft identischen oder leicht variierten Versatzstücke des *Buddenbrooks*-Milieus, werden hier nochmals aufgenommen und konzentrieren sich im 4. Kapitel zur literarischen und philosophischen Bestandsaufnahme. Damit deutet sich in *Tonio Kröger* eine Verbindung von Fiktion und Reflexion an, die spätestens ab dem *Zauberberg* ein Merkmal der Mannschen Epik wird.

Wie in anderen frühen Erzählungen versucht Thomas Mann auch in *Tonio Kröger*, die Kunstreligion Schopenhauers und die Lebensapologie Nietzsches zu literarisieren, Gestalt annehmen zu lassen in Figuren, die zumeist in Opposition zueinander treten. Die antagonistischen Begriffspaare Künstler – Kunst und Bürger – Leben werden so dem Leser in der Figurenkonstellation der Erzählung plastisch vor Augen gestellt: Dem Künstler als fremdartigem Außenseiter mit den typischen physischen und physiognomischen Dekadenzsignalen des Frühwerks treten wechselnde Figuren der Blonden und Blauäugigen als Vertreter des ›gesunden‹ bürgerlichen Lebens gegenüber. *Tonio Kröger* markiert im Kontext der frühen Erzählungen eine wichtige Stufe. In der Tradition des Bildungs- und Künstlerromans zeichnet Thomas Mann den stark autobiographisch gefärbten Werdegang eines jungen Mannes vom bürgerlichen Außenseiter über den dekadenten Künstler zum Dichter als Beobachter und Gestalter der bürgerlichen Welt: »Auf den ersten Blick präsentiert sich die Geschichte Krögers als der komprimierte Bildungsroman eines Schriftstellers in der Epoche des Wilhelminismus. Das Ziel scheint die Aufhebung der zeittypischen Kunst-Leben-Antinomie zu sein und damit die Neubegründung einer Künstlerschaft im Zeichen einer Versöhnung mit dem Bürgertum.« (Vaget 1990, S. 565)

Jedoch geschieht diese Hinwendung zum Bürgertum in einer Haltung der Distanz als Grundbedingung des modernen künstlerischen Bewußtseins. Beispiel dafür ist die Entfaltung eines innerliterarischen Diskurses; demgegenüber wird die Außenwelt mit zunehmender Intensität nur aus der Beobachterrolle erfahren (8. Kapitel); Dialoge scheitern (mit Hans Hansen im 1. Kapitel) oder gestalten sich weitgehend zu Monologen (Lisaweta-Kapitel). *Tonio Kröger* ist ein Text des Übergangs, der künstlerischen Identitätssuche, deren biographische Komponente sich mit der zeitgenössischen Problematisierung der gesellschaftlichen Rolle des Künstlers vermischt. Die Erzählung thematisiert zwei Gefahren für den Künstler, die in eine ambivalente Beziehung zueinander gebracht werden. Der Furcht vor dem Verlust der schöpferischen Kraft durch Verbürgerlichung steht die Gefahr der »dekadenten Sterilität« (Schmidt 1985 b, S. 238) gegenüber. In der Intention des Textes resultiert künstlerische Produktivität gerade aus dieser Zwischenposition, literarisch gestaltet im leitmotivischen Sehnsuchtsmotiv. Aus dieser Ambivalenz der gesellschaftlichen Rolle resultiert auch die Grundhaltung der ironischen Distanz, die sich zwar in *Tonio Kröger* immer wieder mit der Emphase der künstlerischen Selbstvergewisserung vermischt, aber als unverzichtbarer Bestandteil des künstlerischen Selbstverständnisses Thomas Manns auch hier schon erkennbar ist. Aufgabe des Künstlers, wie sie im letzten Kapitel von *Tonio Kröger* formuliert wird, ist die Darstellung und Gestaltung des bürgerlichen Lebens. Mit dem Programm der Ordnung von Welt, der Verpflichtung auf das bürgerliche Leistungsethos wird der Kunst eine soziale Rolle zugewiesen, ohne daß jedoch auf die Grundforderung des l'art pour l'art nach absoluter Freiheit der Kunst verzichtet würde.

1.5.1 Entstehung

Im *Lebensabriß* von 1930 schreibt Thomas Mann zur Entstehung von *Tonio Kröger*:

> »Die Konzeption ging zurück in die Zeit der Arbeit an ›Buddenbrooks‹, das Jahr meiner Tätigkeit bei Langen. Ich benutzte damals einen vierzehntägigen Sommerurlaub zu jener Reise über Lübeck nach Dänemark, von der in der Novelle die Rede ist, und meine Eindrücke in dem kleinen Badeort Aalsgard am Sund, nahe Helsingör, bildeten den Erlebniskern, um den nun die beziehungsreiche kleine Dichtung zusammenschoß. Ich schrieb sie sehr langsam. Namentlich das lyrisch-essayistische Mittelstück, das Gespräch mit der (durchaus fingierten) russischen Freundin, kostete mich Monate, und ich erinnere mich, daß ich das Manuskript während eines meiner wiederholten Aufenthalte in Riva am Gardasee, in R. von Hartungens ›Haus zur Sonne‹, bei mir hatte, ohne um eine Zeile vorwärtszukommen.« (GW XI, S. 115)

Eine differenzierte Rekonstruktion der Entstehungsgeschichte konnte mit Hilfe von Notizbucheinträgen, Vorarbeiten und Briefen vorgenommen werden, wobei u. a. die Briefe an die Brüder Ehrenberg wichtige Einsichten liefern (vgl. Wysling 1967, S. 48). Der langwierige Schreibprozeß resultiert aus Schwierigkeiten bei der Abfassung des Gesprächs über Literatur, der literarischen Umsetzung der intensiven Gefühlserlebnisse der Jahre 1901/1902 und der Überwindung der Diskrepanz zwischen »der an Nietzsche genährten, psychologistisch-kalten Literatenanalyse« und dem »nordischen Gefühlston« (ebd., S. 62 f.). Es lassen sich im wesentlichen drei Entstehungsphasen unterscheiden (vgl. Vaget 1984, S. 109 f.):

1. Im September 1899 reist Thomas Mann nach Lübeck und Dänemark; dies ist der von ihm so genannte »Erlebniskern« der Erzählung, gestaltet in den Kapiteln 6, 7 und 8.
2. Ende 1900/Anfang 1901 wird die Arbeit als »Nachgeburt« (ebd., S. 109) zu dem im Juli 1900 beendeten Roman *Buddenbrooks* wieder aufgenommen. Die Freundschaft zu dem jungen Maler Paul Ehrenberg überlagert und intensiviert die Erinnerung an die Jungenfreundschaft zu Armin Martens. Eine Konzeptionserweiterung erfolgt durch Aufnahme der Künstlerthematik (geplanter Titel ›Litteratur‹). Diese Thematik wird jedoch zunächst in *Tristan* gestaltet.
3. Erst im Sommer 1902 wird die Arbeit zunächst stockend wieder aufgenommen und auf Drängen des Fischer-Verlages unter großem Zeitdruck im Dezember abgeschlossen. Die Erzählung erscheint bereits im März 1903 im Erzählband *Tristan*.

Eine anschauliche Analyse zur Entstehungsgeschichte mit ausführlichen Zitaten aus dem Notizenmaterial und Vergleichen mit dem endgültigen Text findet sich auch in de Mendelssohns Thomas Mann-Biographie (1975, S. 490-502):

> »Das Notizenmaterial zu *Tonio Kröger* ist erhalten. Es umfaßt fünfzehn beschriebene Seiten der verschiedensten Papierformate, also größere und kleinere ›Zettel‹, wie sie gerade zur Hand waren, sowie vier ausgeschiedene Quartseiten des Manuskriptes, und dieses Material zeigt, daß Thomas Manns Arbeitsmethode sehr ähnlich derjenigen war, die sich bei *Buddenbrooks* offenbar bewährt hatte. Er suchte vorerst alle in den Notizbüchern 3 und 7 verstreuten Aufzeichnungen zusammen und schrieb sie der Reihe nach auf besondere Zettel ab, die er anschließend ergänzte und erweiterte. Dieses übersichtliche Zettelmaterial lag bei der Arbeit vermutlich neben ihm auf dem Schreibtisch, und er strich jeweils durch, was er verwendet hatte.« (ebd., S. 492)

Auch de Mendelssohn hebt hervor, daß die Schwierigkeiten des Entstehungsprozesses sich in der Konzeption des Lisaweta-Kapitels bündeln: »Von Blatt 7 ab sind noch einmal unter der Unterschrift ›Kap. 4‹ alle Notizbuch-Eintragungen zur Literaturgespräch-Selbstanalyse gesondert zusammengestellt und durch weitere Notizen hierzu ergänzt. Es wird deutlich, welch große Schwierigkeiten ihm dieser Mittelteil der Novelle bereitete.« (ebd., S. 500)

Zu Thomas Manns Notizbüchern 1-6 und 7-14 liegen inzwischen Editionen vor (hrsg. v. H. Wysling / Y. Schmidlin, Frankfurt/M. 1991 und 1992), welche die konkrete Entstehungsgeschichte sowie gedankliche Vorbereitungen der Erzählung noch detailgetreuer verfolgen lassen.

1.5.2 Literarische Einflüsse – Tradition der Künstler-Erzählung

Thomas Mann hat selbst verschiedenartige Hinweise auf die literarischen Bezugspunkte der Erzählung gegeben und damit der literaturwissenschaftlichen Spurensuche ihre Richtung vorgezeichnet. In den *Betrachtungen eines Unpolitischen* betont er insbesondere den Einfluß Theodor Storms und nennt *Tonio Kröger* »ins Modern-Problematische fortgewandelter ›Immensee‹« (GW XII, S. 106). Zum Protagonisten Tonio Kröger schreibt er im *Lebensabriß* von 1930:

»Die Figur, die ihm vorschwebte, erstand aus dem Gefühl und Bewußtsein der doppelten kulturellen Herkunft des Werkchens, in das er sie hineinstellte, einer deutsch-heimatlichen und einer mondänen: Die Figuren der geistigen Väter seiner Geschichte, Storms und Turgenjews, des ›doux géant‹, wie die Pariser Freunde den Skythen nannten, verschmolzen ihm zur Vatergestalt des langen, wehmütig sinnenden Weißbartes mit der Feldblume im Knopfloch« (GW IX, S. 247).

Über die konkreten literarischen Einflüsse hinaus, die hier in Bezug gesetzt werden zur literarischen Verfremdung des Vaterbildes, ist diese Selbstaussage ein Hinweis darauf, wie sehr im Frühwerk Thomas Manns und insbesondere in *Tonio Kröger* die Erinnerung an die realen bürgerlich-patrizischen Ahnen verschmilzt mit dem Bewußtsein, Erbe einer europäischen literarischen Tradition zu sein. Tonio Kröger wird als der Typ eines Künstlers porträtiert, der »sich wie selbstverständlich, explizit und implizit, ständig auf andere Literatur, andere Kunst bezieht: die Skala reicht von Storm, Heine, Schiller und Shakespeare bis zu Gontscharow, Nietzsche, Flaubert, Ibsen, Heinrich Mann sowie Michelangelo, Beethoven und, last but not least, Wagner« (Vaget 1990, S. 566). Angesichts dieser starken Intertextualität kann hier nur auf wenige, prägnante Einflüsse eingegangen werden. Thomas Mann hat die Rezeption der Erzählung als persönlichstes und intimstes Selbstbekenntnis selbst kräftig befördert; jedoch sind demgegenüber »die über das Persönliche hinausweisenden Verflechtungen mit den ideologischen Strömungen der Epoche« zu betonen (Vaget 1984, S. 114).

Der Einfluß, den der Bruder Heinrich auf den jungen Thomas Mann ausübte, kann kaum überschätzt werden. Heinrich hatte sich als erster vom bürgerlichen Anspruch des Vaters gelöst und die Lebensform des freien Schriftstellers gewählt; er wird damit für den jüngeren Bruder zum persönlichen und literarischen Vorbild. Insbesondere die Kenntnis der französischen Literatur ist über Heinrich Mann vermittelt. Sie zeigt sich in *Tonio Kröger* in deutlichen Affinitäten zum Kunstverständnis Gustave Flauberts und in der von Paul Bourget übernommenen Typisierung des Dilettanten (vgl. Kap. 4.3). Nach der Fertigstellung von *Buddenbrooks* und dem einsetzenden literarischen Erfolg verliert dieses »grundlegende literarische und existentielle Brudererlebnis« (Banuls 1986, S. 146) jedoch langsam seine prägende und dominierende Kraft. *Tonio Kröger* ist auch ein Dokument für die künstlerische Identitätssuche Thomas Manns in Abgrenzung vom Bruder, der in seiner Roman-Trilogie *Die Göttinnen* (1902) Positionen des Ästhetizismus und des Lebenskultes miteinander verbunden hatte. Der am deutlichsten in den *Betrachtungen eines Unpolitischen* akzentuierte Gegensatz zum Politik- und

Kunstverständnis des Bruders (dazu Kurzke 1990 a, S. 688-694) wird dort bezeichnenderweise mit längeren Zitaten aus *Tonio Kröger* belegt; so werden die Abwehr südlicher »bellezza« und die »Bürgerliebe zum Menschlichen« als Gegenpol zur ästhetizistischen Hochstilisierung der Nietzscheschen Lebensapologie wörtlich zitiert (vgl. GW XII, S. 542 f.). Die Gemeinsamkeiten der bürgerlich-patrizischen Herkunft bleiben andererseits eine Basis der Beziehung: »Ein gewisses Festhalten an großbürgerlicher Vornehmheit distanzierte beide Brüder von der bohemischen Betriebsamkeit der Zeit, wie sie in Schwabing bei München blühte.« (Lehnert 1990, S. 145)

Wesentliche Aspekte seiner schwierigen künstlerischen Identitätssuche fand Thomas Mann bei Heinrich Heine vorgebildet, dessen Lyrik bereits auf den Jugendlichen starke Wirkung ausübte (vgl. Kap. 4.4). Die bei Heine vorgeprägte Philisterkritik, verbunden mit der Vorstellung von einer besonderen Rolle des Künstlers, seinem Schwanken zwischen Superioritäts- und Einsamkeitsgefühlen, liefern dem jungen Thomas Mann wesentliche Impulse und identifikatorische Angebote beim Ablösungsprozeß von seiner bürgerlichen Herkunft.

Thomas Manns generelle Affinität zum Norden zeigt sich in der frühen Lektüre skandinavischer Autoren (dazu Marx 1990). Seine erste Skandinavienreise unternahm er 1899 in den dänischen Badeort Aalsgaard, wo *Tonio Kröger* »unbewußt entworfen wurde« (GW XI, S. 381). Geographische und literarische Vertrautheit verbindet sich ihm zur Erfahrung »bürgerlich-nordischer Gefühlsheimat« (GW IX, S. 247), die in *Tonio Kröger* als Gegenpol zu südlicher »bellezza« gestaltet wird. Die Konstellation gegensätzlicher Charaktere wie die von Tonio Kröger und Hans Hansen ist im Roman *Niels Lyhne* von Jens Peter Jacobsen vorgebildet: »in beiden Fällen wird die Anziehungskraft des Robusteren auf den Träumer mit einer edlen beziehungsweise keuschen und schüchternen Sehnsucht verglichen« (Marx 1990, S. 186).

Eine weitaus intensivere Form intertextueller Verknüpfung als solche letztendlich nur vage zu bestimmenden literarischen Einflüsse ist die direkte Integration von Literatur in das Handlungsgefüge der Erzählung. Eine handlungskonstituierende Rolle spielt Schillers Drama *Don Carlos*, das im 1. Kapitel die Funktion hat, die Gegensätzlichkeit der Figuren Tonio Kröger und Hans Hansen aus einer unterschiedlichen Rezeptionshaltung von Literatur abzuleiten. In der Logik des Textes signalisiert das Verhältnis zur Kunst eine charakterliche Differenz und prägt unterschiedliche Lebensläufe bereits vor.

Subtiler noch ist die Art, in der Thomas Mann seine intensive Beschäftigung mit der russischen Literatur in der Erzählung literarisch abbildet. In der Figurenrede Tonio Krögers wird sie als die »anbetungswürdige russische Literatur, die so recht eigentlich die heilige Literatur darstellt« (36), angesprochen. Die Beschäftigung mit russischen Autoren, insbesondere Tolstoi und Dostojewski, war für Thomas Mann zeitlebens Basis seiner schriftstellerischen Tätigkeit (dazu Pavlova 1990). Wirkungsvoll ist im Kontext der Erzählung jedoch weniger die Aussage Tonio Krögers, die zum Diskurs über Kunst im 4. Kapitel gehört, als vielmehr die Personifikation des literarischen Einflusses in der Figur der russischen Malerin Lisaweta

Iwanowna, deren Lebensklugheit als menschliche Ausdrucksform der ›weisen‹ russischen Literatur Tonio Kröger auf den rechten Weg bringt.

Mit dem Thema der künstlerischen Identitätsfindung, die deutlich auch als biographischer Entwicklungs- und Reifungsprozeß gestaltet ist, steht *Tonio Kröger* in der Tradition des Künstlerromans und der Künstlernovelle seit der Genieästhetik des 18. Jahrhunderts, die den Künstler zum ersten Mal als Opponenten des bürgerlichen Lebens sieht. In der Romantik wird der Künstler, gerade in der Transzendierung bürgerlicher Normen bis hin zur phantasierten Überbietung normalen Menschseins, zunehmend zum Helden des Kunstwerks, wie dies der romantischen Selbstthematisierung von Kunst entspricht: »Noch die Hauptfiguren Thomas Manns glänzen mit der problematischen, ja pathologischen Natur ihrer Sensibilität und Leidensintensität im Lichte der Romantik.« (Hauser 1974, S. 319) Die Gattung Künstler-Novelle, die ihren »Siegeszug« im 19. Jahrhundert antritt, enthält »auffällig viel vom Besten der deutschen Erzählkunst des 19. Jahrhunderts« und bietet zugleich ein spezifisch deutsches literarisches Kontinuum: »Im 20. Jahrhundert haben dann die beiden größten Erzähler, Kafka und Thomas Mann, diese Tradition fortgeführt; [...] Thomas Mann, um nur das Wichtigste zu nennen, mit dem ›Tonio Kröger‹, dem ›Tristan‹, dem ›Tod in Venedig‹ und mit ›Mario und der Zauberer‹.« (Schmidt 1985 b, S. 40)

Im Schlußkapitel von *Tonio Kröger* zeigt sich erstmals im Werk Thomas Mann der Versuch, den Künstler-Bürger-Gegensatz als identitätsstiftendes Merkmal der Avantgardekunst des 19. Jahrhunderts im Anspruch künstlerischer Repräsentanz aufzulösen. Die Hinwendung zum Bürgertum ist verbunden mit einem deutlichen Impuls, sich in die Tradition der deutschen Klassik zu stellen. Die Vorstellung einer ordnenden und bildenden Aufgabe von Kunst weist voraus auf Thomas Manns Annäherung an Goethe, der ihm zum Vorbild des repräsentativen Künstlers wird.

2 Wort- und Sachkommentar

Tonio Kröger wird zitiert nach dem Fischer-Taschenbuch Bd. 1381 von 1992: *Tonio Kröger* und *Mario und der Zauberer* mit Seiten- und Zeilenzahl. Verwiesen sei auf den ausführlichen Kommentar von Manfred Bellmann: Thomas Mann. Tonio Kröger. Erläuterungen und Dokumente. Stuttgart 1986 (= Reclam UB Nr. 8163).

1. Kapitel

7 /14 *Wotanshut:* breiter Hut mit hängender Krempe; Attribut des germanischen Sturm- und Gewittergottes Wotan. –/14 *Jupiterbart:* Der Göttervater der römischen Mythologie wird meist mit gelocktem Vollbart dargestellt.

8 /19 *Gurt-Paletot:* Überzieher, langer Mantel mit Gürtel.

9 /14 *Mühlenwall* [...] *Holstenwall:* Spazierwege; ehemalige Wälle der Stadtbefestigung von Lübeck. –/35 *den gotischen Klassengewölben:* Anspielung auf das Lübecker Katharineum, das Thomas Mann besucht hatte und das er auch in »Buddenbrooks« dargestellt.

10 /31 *Vater [...] Feldblume im Knopfloch:* vgl. GW IX, S. 247: »Die Figuren der geistigen Väter seiner Geschichte, Storms und Turgenjews, des ›doux géant‹, wie die Pariser Freunde den Skythen nannten, verschmolzen ihm zur Vatergestalt des langen, wehmütig sinnenden Weißbartes mit der Feldblume im Knopfloch.« (s. o, S. 20) –/35 *Consuelo:* (span.) Trost, Tröstung; symbolisiert als Name das südliche Erbe der Mutter. Bellmann sieht darin eine Anspielung auf George Sands Roman »Consuelo« von 1842/43 (Bellmann 1986, S. 13).

13 /7, 21 *›Don Carlos‹ von Schiller [...] die Stelle, wo der König geweint hat:* Szene IV, 23 von Schillers Drama.

14 /22 *Exerzitium:* (lat.) schriftliche Übungsarbeit.

16 /22 *Lindenplatze:* Platz in Lübeck; an diesem Platz liegt in »Buddenbrooks« die Mietwohnung, in die Tony Buddenbrook mit ihrer Tochter Erika zieht.

17 /15 *das alte, untersetzte Tor:* das Holstentor von 1477.

2. Kapitel

18 /4 *länglich geschnittenen [...] Augen:* im Werk Thomas Manns häufig erotisches Signal; vgl. die Figur Clawdia Chauchat im »Zauberberg«. –/23, 27 *Privat-Kursus [...] Ballettmeister Knaak:* Der private Tanzkurs, den Thomas Mann 1889 mit seiner Schwester Julia, Armin Martens und dessen Schwester Ilse besuchte, wurde von Rudolf Knoll, dem Ballettmeister des Deutschen Schauspielhauses Hamburg, geleitet. Die Figur François Knaak taucht mit nahezu identischen Zügen nochmals auf in der Erzählung »Wie Jappe und do Escobar sich prügelten« von 1911. – /29, 30 *J'ai l'honneur [...] mon nom est Knaak:* (frz.) Ich habe die Ehre, mich Ihnen vorstellen zu dürfen [...] mein Name ist Knaak.

19 /25 *Talkum:* feines, weißes Streupulver. –/26 *Eleven:* von frz. élève, Schüler. –/27 *Portieren:* Türvorhänge. –/29 *Lorgnetten:* (frz.) Brillen mit Stielgriff. –/31 *Mazurka:* aus polnischem Volkstanz hervorgegangener Rundtanz.

20 /31 *en avant!:* (frz.) Vorwärts!

21 /6 *Quadrille:* (frz.) Ausgangspunkt dieses Tanzes ist ein von vier Paaren gebildetes Karree. –/14 *Gedicht von Storm [...] du mußt tanzen:* Verszeile aus Theodor Storms Gedicht »Hyazinthen« von 1852. –/18 *Compliment! Moulinet des dames! Tour de main!:* Tanzfiguren der Quadrille: Verbeugung der Herren, ›Mühle der Damen‹, bei der

sich nur die Tänzerinnen die Hand reichen und einen Kreis beschreiben, und Drehung, bei der sich Damen und Herren paarweise die Hand reichen. –/29 *En arrière, [...] fi donc!:* (frz.) Zurück, . . . pfui!

22 /4 *Folgmädchen:* bei Thomas Mann häufige Bezeichnung für Dienstmädchen, das feinere Arbeiten verrichtet. –/22 *Plumcake:* (engl.) Rosinenkuchen. –/14 *Storms ›Immensee‹:* Novelle von Theodor Storm (1850); Thomas Mann bezeichnet »Tonio Kröger« als »ins Modern-Problematische fortgewandelter ›Immensee‹« (GW XII, S. 106) (vgl. o., S. 20).

3. Kapitel

26 /6 *das Mal an seiner Stirn:* das ›Kainszeichen‹ (1. Mose 4, 15) als Merkmal des Verfluchtseins; hier für Künstler in der Tradition des ›poète maudit‹, des fluchbeladenen Dichters (vgl. u., S. 42).

4. Kapitel

28 /3 *Lisaweta Iwanowna:* häufiger Frauenname in der russischen Literatur; hier wohl Anspielung auf mütterliche Figur in Iwan Gontscharows Roman »Eine alltägliche Geschichte« (1847, erste dt. Übersetzung 1884), den Thomas Mann während der Dänemark-Reise 1899 las. –/23 *Fixativ:* Harz- oder Paraffinlösung; wird aufgesprüht, um Zeichnungen in Kohle, Kreide, Pastell unverwischbar zu machen.

32 /7 *Batuschka:* (russ.) Väterchen. –/31, 32 *jener präparierten päpstlichen Sänger:* Kastraten der päpstlichen Kapelle. –/36 *Papyros:* russische Zigaretten.

33 /17 *Zeichen an Ihrer Stirne:* vgl. 26/6. –/28 *Königliches:* Die Vorstellung einer aristokratischen Sonderrolle gehört zum künstlerischen Selbstverständnis des l'art pour l'art; sie ist bei Thomas Mann am extensivsten ausgeführt im Roman »Königliche Hoheit« (1909). –/32 *Attaché:* Botschaftsangehöriger in beigeordneter Tätigkeit.

34 /21 *sublimen:* verfeinerten, erhabenen; hier in ironischem Sinne.

35 /5 *morbides:* kränklich, todessüchtig im Sinne der Dekadenz. –/5 *›Tristan und Isolde‹:* Oper von Richard Wagner; von Thomas Mann als Wagners »höchste[s] und gefährlichste[s]« Werk bezeichnet (GW X, S. 895). –/10 *Dilettant:* von Paul Bourget entworfener Typ des décadent (vgl. Kap. 4.3). –/25 *Antwort des Horatio [...] zu genau betrachten:* Horatio im Dialog mit Hamlet in der berühmten Friedhofszene (V, 1) in »Hamlet«, dem von Thomas Mann meistzitierten Shakespeare-Drama (vgl. Cerf 1990, S. 239). –/33 ff. *Die reinigende, heiligende Wirkung [...] als Heiliger:* Diese Sätze erscheinen im gleichen Wortlaut als Figurenrede Settembrinis im »Zauberberg« und werden dort in einem Erzählerkommentar als »apologetischer Lobgesang« ironisiert (GW III, S. 724).

36 /23 *Erkenntnisekel* (vgl. Interpretation 4. Kapitel und Kap. 4.4).

37 /29 *Scharlatan:* Schwätzer, Schwindler. –/32 *Nihilist:* Der »geistig-politische Typus des Nihilisten« wurde in Turgenjews Roman »Väter und Söhne« von 1862 geprägt (vgl. GW IX, S. 248). Der Nihilismus stellt die Möglichkeit der Erkenntnis grundsätzlich in Frage und verneint Werte und Normen des Handelns. Einflußreich um 1900 ist v.a. Nietzsches vom Nihilismus geprägter radikaler Kulturpessimismus.

38 /16 *Cesare Borgia [...] trunkene Philosophie:* Der Gewaltmensch Cesare Borgia (1475-1507), natürlicher Sohn von Papst Alexander VI., wurde um 1900 zur Symbolfigur eines übersteigerten Lebenskultes (vgl. Interpretation 4. Kapitel und Kap. 4.2).

5. Kapitel

41 /31 *bellezza:* (ital.) Schönheit.

42 /21 *Terrasse von Kronborg [...] ›Geist‹ zu Hamlet kam:* Auf der Terrasse des Schlosses

Kronborg, Schauplatz von Shakespeares Tragödie, erscheint der Geist des ermordeten Königs dem Prinzen Hamlet und fordert ihn auf, seinen Tod zu rächen.

6. Kapitel

43 /25 *Brücke [...] mythologische Statuen:* die Lübecker Puppenbrücke.

44 /*Honneurs machte:* von (frz.) ›honneurs‹, Ehrenbezeigungen; hier Begrüßung des Gastes durch den Empfangschef.

45 /6 *pittoresker:* malerischer.

46 /*Vestibule:* (frz./lat.) Vorhalle, Treppenhalle.

47 /16 *frommen Spruch:* Inschrift über dem Eingang des großelterlichen Hauses in der Mengstraße, dem ›Buddenbrooks-Haus‹: »Anno: Dominus providebit: 1758«; in »Buddenbrooks« heißt der Spruch: »Dominus providebit« (vgl. GW I, S. 9).

51 /24 *Korrektur:* Korrekturfahnen; Druckabzug, den der Autor vor dem endgültigen Druck zur Prüfung und Berichtigung erhält.

52 /33 *Porteföhch:* mundartlich für (frz.) ›portefeuille‹, Brieftasche.

7. Kapitel

53 /34 *Bugspriet:* schräg über den Bug hinausragender Mastbaum.

54 /14 *Menagerie:* Tierschau, Tiergarten.

55 /27 *Aufsatz eines berühmten französischen Schriftstellers [...] feines Geschwätz:* Dazu schreibt Thomas Mann in einem Brief von 1954: »Das ›feine Geschwätz‹ bezieht sich auf einen Aufsatz von Paul Bourget über ›kosmologische und psychologische Weltanschauung‹, aber wo der zu finden ist, das weiß ich längst nicht mehr.« (Briefe III, S. 351) –/36 *Steamer:* (engl.) Dampfer.

58 /11 *des Königs Neumarkt und das ›Pferd‹ in seiner Mitte:* Reiterstandbild König Christians V. (1670-1699) auf dem Kopenhagener Königsmarkt. –/13 *Thorwaldsens:* Bertel Thorwaldsen (1768-1844), dänischer Bildhauer. –/14 *Runden Turm:* 1637-1642 unter König Christian IV. als Sternwarte errichtet. –/15 *Tivoli:* Vergnügungspark in Kopenhagen.

59 /6 *Sund:* Öresund.

8. Kapitel

59 /15 *Aalsgaard:* in diesem kleinen Badeort nahe Helsingör hielt sich Thomas Mann vom 11. bis 16. September 1899 auf (vgl. Bellmann 1986, S. 39). –/24 *Schlagfluß:* Schlaganfall. –/31 *Gouverneur:* Erzieher; bekannter ist die weibliche Form, Gouvernante. –/35 *»Please, give me [...] that's schinken!«:* »Bitte gib mir die Wurstsachen dort!« [...] »Das ist nicht Wurst; das ist Schinken!«

60 /6 *konversierten:* geläufiger ›Konversation machen‹.

61 /34 *regnicht:* ältere Form für ›regnerisch‹.

62 /24 *Réunion:* (frz.) Versammlung; hier Gesellschaftsball. –/25 *Subskription:* (lat.) ›subscribere‹, unterzeichnen; hier Subskriptionsball mit Voranmeldung.

64 /35 *Polonaise:* polnischer Gesellschaftstanz; Eröffnungstanz bei Bällen.

65 /30 *Kapotthütchen:* hoch auf dem Kopf sitzendes Damenhütchen mit Bändern, die unter dem Kinn gebunden wurden.

66 /13 *Post-Adjunkt:* Postgehilfe.

67 /28 *traumblöde:* benommen vom Traum.

69 /24 *distinguierte:* vornehme; hier ›gezierte‹.

70 /3 *neun Symphonien:* von Ludwig van Beethoven. –/3 ›*Die Welt als Wille und Vorstel-*

lung‹: philosophisches Hauptwerk von Arthur Schopenhauer (1819, endgültige Fassung 1859). –/4 ›*Das Jüngste Gericht*‹: Von Michelangelo 1536-1541 geschaffenes Fresko an der Altarwand der Sixtinischen Kapelle im Vatikan. –/8 *»Ich möchte schlafen [...]«:* vgl. 21/14. –/22 *chassierend:* von (frz.) ›chasser‹, jagend.

71 /1 *»Tak! O, mange Tak!«:* (dän.) ›Danke! O, vielen Dank!‹ –/32 *Exaltationen:* Überspanntheiten.

9. Kapitel

72 /3 *Arkadien:* seit der Antike mythischer Ort der idyllischen Landschaft (ursprünglich auf dem Peloponnes), der Musik und Dichtkunst, der sich mit der kulturellen Phantasie des Goldenen Zeitalters verbindet; hier ironisch auf München bezogen. –/22 *Puritanismus:* vom sittenstrengen Calvinismus beeinflußte Tradition des angelsächsischen Protestantismus; wichtig für die Herausbildung eines bürgerlichen Arbeitsethos. –/29 *Bohemien:* (frz.) Zigeuner. Seit Henri Murgers »Scènes de la vie de Bohème« (1851) etabliert sich dieser Begriff als Bezeichnung für den unbürgerlich, ›zigeunerhaft‹ lebenden Künstler. Die Oper »La Bohème« von Puccini (1896) nimmt dieses Motiv auf.

73 /18 *jene Liebe [...] klingende Schelle sei:* Paraphrase von 1. Korinther 13, 1. (vgl. Kap. 4.1).

3 Struktur des Textes

3.1 Komposition – Leitmotivik

Die Erzählung *Tonio Kröger* ist in 9 Kapitel unterschiedlicher Länge gegliedert, die mit verschiedenen erzählerischen Mitteln gestaltet sind. Auktoriale Erzählsituationen wechseln mit personalem Erzählen und direktem auktorialem Erzählerkommentar. Geographischer und biographischer Ausgangspunkt der um die Hauptfigur Tonio Kröger zentrierten Handlung ist eine alte Stadt mit gotischem Charakter, die aufgrund topographischer Details als Lübeck zu identifizieren ist. An diesem Handlungsort spielen die Kapitel 1, 2 und 6; sie enthalten eine Reihe autobiographischer Elemente der Lübecker Kindheit und Jugend Thomas Manns, deren Stereotypen (altes Patrizierhaus mit Landschaftszimmer, Walnußbaum und Springbrunnen im Garten, Topographie der alten Stadt) in den frühen Erzählungen und v.a. in *Buddenbrooks* vielfach variiert werden. Diese erzählerischen Versatzstücke des Frühwerks werden in *Tonio Kröger* zum letzten Mal eingesetzt, was als Hinweis darauf verstanden werden kann, daß mit dieser Erzählung die autobiographische Erinnerungs- und Bewältigungsarbeit des jungen Thomas Mann zumindest zu einem vorläufigen Abschluß kommt. Das gedankliche Zentrum bildet das 4. Kapitel, zugleich das längste der Erzählung, in dem sich ein innerliterarischer Diskurs entfaltet. Der fiktionale Charakter wird aufrechterhalten durch die Einführung der Malerin Lisaweta Iwanowna, der »durchaus fingierten« russischen Freundin (GW XI, S. 115), deren Individualität nur mit sparsamen erzählerischen Mitteln angedeutet wird. Die Dänemarkreise und der Aufenthalt in Aalsgaard bestimmen die Kapitel 7 und 8, die zugleich den erzählenden Grundton und die poetisierende Sprache der Kapitel 1, 2 und 6 wieder aufnehmen bzw. in gesteigerter Form weiterführen. Die Kapitel 3, 5 und 9 sind die kürzesten; im 3. und 5. Kapitel werden Übergänge von einer Lebensphase in eine andere markiert, während das 9. den reflexiv resümierenden Schluß bildet.

Die Komposition der Erzählung ist in der Forschung immer wieder diskutiert worden und bot bis in die jüngste Zeit Anlaß zu verschiedenartigsten Strukturierungs- und Ordnungsmodellen. Bezugspunkt dessen sind auch die häufigen Aussagen Thomas Manns gerade zu *Tonio Kröger* wie die besonders markante im *Lebensabriß* von 1930:

> »Hier wohl zum erstenmal wußte ich die Musik stil- und formbildend in meine Produktion hineinwirken zu lassen. Die epische Prosakomposition war hier zum erstenmal als ein geistiges Themengewebe, als musikalischer Beziehungskomplex verstanden, wie es später, in größerem Maßstabe, beim ›Zauberberg‹ geschah. Auch wenn man diesen dahin bestimmt hat, er gebe ein Beispiel ab für den ›Roman als Ideenarchitektur‹, so geht die Neigung zu solcher Kunstauffassung bis zum ›Tonio Kröger‹ zurück. Vor allem war darin das sprachliche ›Leitmotiv‹ nicht mehr, wie noch in ›Buddenbrooks‹, bloß physiognomisch-naturalistisch gehandhabt, sondern hatte eine ideelle Gefühlstransparenz gewonnen, die es entmechanisierte und ins Musikalische hob.« (GW XI, S. 116)

Im Gegensatz zu dieser Selbstdeutung wird in der neueren Forschung vielfach die Auffassung vertreten, die Leitmotivtechnik werde bereits in *Der kleine Herr Friedemann* (1897) wirkungsvoll eingesetzt. Der Begriff des Leitmotivs ist v.a. mit Wagners Musikdramen verbunden und bezeichnet eine häufig wiederkehrende Tonfolge, die eine bestimmte Figur, eine Gefühlshaltung oder einen Handlungsort charakterisiert und durch den Wiedererkennungseffekt die Handlung strukturiert, symbolische Bezüge herstellt und den ästhetischen Eindruck intensiviert. Von Wagner übernimmt Thomas Mann die Leitmotivtechnik als Gestaltungsprinzip seiner Epik; jedoch ist das literarische vom musikalischen Leitmotiv klar abzugrenzen:

»Im literarischen Text kann sich ein Leitmotiv nach dem Muster der musikalischen Kompositionsform nur bilden, wenn mindestens eine Gruppe von drei Wörtern sich zu einer kleinen Texteinheit zusammenschließt. So könnte man in *Tonio Kröger* die Wendungen ›Schopf seines bastblonden Haares . . . mit freiliegenden und scharfblickenden stahlblauen Augen‹, ›dunkle und zart umschattete Augen mit zu schweren Lidern‹ und ›Zigeuner im grünen Wagen‹ als Texteinheiten ansehen, die den Begriff Leitmotiv erfüllen, weil die Wortmenge Variationen, Kontrastierungen und Verkürzungen möglich macht.« (Klussmann 1984, S. 13)

Über die Wiederholung und Variation kleiner sprachlicher Einheiten hinaus entfaltet sich die Leitmotivtechnik in *Tonio Kröger* auch und vor allem auf der Ebene der Textkomposition; Situationen, Figurenkonstellationen und Themenkomplexe werden mehrmals aufgenommen und zugleich mit stereotypen Merkmalen ausgestattet und variiert. So sind die Kapitel 1, 2 und 8 eine Variation des Liebes- und Sehnsuchtsthemas, das in den Kapiteln 2 und 8 durch die symbolische Bedeutung des Themas Tanz intensiviert wird. Auf der Figurenebene wird das Stereotyp blond/blauäugig im 1. und 2. Kapitel in eine männliche und eine weibliche Variante aufgespalten und im 8. Kapitel zu einem Paar zusammengefügt. Variiert werden im 2. und 8. Kapitel die komische Kontrastfigur des Tanzmeisters und die melancholische Figur der Außenseiterin als weibliches alter ego des Künstlers. Die Leitmotivtechnik macht die Entwicklungsschritte und die biographische Erinnerungsarbeit der Künstlerfigur durchsichtig; so wird die Topographie des Spaziergangs von Tonio Kröger und Hans Hansen im 1. Kapitel von den »Wallanlagen« zum »Lindenplatze« (16) im 6. Kapitel als einsamer Heimweg des erwachsenen Tonio Kröger nahezu identisch wiederholt (47). Solche leitmotivischen Rückverweise erfordern ein Lektüreverhalten, das der Erinnerungsarbeit des Protagonisten analog ist.

Die Textkomposition mit dem Strukturmerkmal der Wiederholung und Variation bot der Forschung immer wieder Anlaß zur Herstellung musikalisch-epischer Analogien (dazu Windisch-Laube 1990, S. 330). Versuche, den Aufbau der Erzählung mit den Strukturprinzipien der Sonate, Fuge oder Symphonie zu vergleichen, bleiben jedoch weitgehend spekulativ. Zentrales Leitmotiv ist der Gegensatz Künstler – Bürger, der in den Kapiteln 1, 2, 6, 7 und 8 erzählerisch gestaltet und in den Kapiteln 4 und 9 reflexiv bearbeitet wird. Verdichtet wird dieser Antagonismus durch die erzählerische Strategie immer neuer Kontrastierungen, die die

Grundopposition des einsamen Künstlers zu den Blonden und Blauäugigen als bürgerlichen Idealtypen erweitern durch eine Reihe von Figuren, die entweder bürgerlich banal sind oder, wie der Tanzlehrer Knaak, eine komische Zwischenposition zwischen Künstler und Bürger einnehmen. Eine Kette von Kontrastmotiven variiert leitmotivisch den zentralen Gegensatz von Kunst und Leben.

In der älteren Forschung wurde *Tonio Kröger* häufig Novelle genannt, während diese Gattungsbezeichnung in jüngerer Zeit immer wieder problematisiert wird. Bei seinem Versuch, eine Typologie der Erzählungen Thomas Manns zu entwerfen, ordnet Vaget *Tonio Kröger* dem Typ der »Biographien mit novellistischen Proportionen« zu (Vaget 1990, S. 543). Auch Jendreiek stellt die Gattungsbezeichnung Novelle in Frage und betont, die inhaltliche Anlage habe »formal die Tendenz zum Roman« (Jendreiek 1977, S. 174). Am dezidiertesten weist Kurzke die Charakterisierung als Novelle zurück: »An Stelle der unerhörten Begebenheit haben wir Stationen aus der Lebensgeschichte eines jungen Künstlers.« (Kurzke 1985, S. 99) Er sieht in der Erzählung keine Analogie zum Bildungsroman; sie belege »nur ein und dieselbe antithetische Struktur in verschiedenen Lebensphasen mit immer neuen Beispielen« (ebd., S. 100).

Gegen diese Annahme einer Statik lassen sich die verschiedenen Differenzierungen anführen, die die Erzählung vornimmt. Der Handlungsort wechselt mehrmals von dem stark gewichteten Ausgangsort der norddeutschen Heimatstadt über die Zeit der Reisen in Kapitel 3, dem neuen Wohnort München und der von dort ausgehenden Reise in die Geburtsstadt und nach Dänemark. Das Thema der Reise ist ein altes episches Muster und zudem als Metapher für die Identitätssuche und den Reifeprozeß des jugendlichen Protagonisten ein traditionelles Motiv des Entwicklungs- und Bildungsromans. Strukturanalogien zum Bildungsroman zeigen sich auch in den verschiedenen Altersstufen der Hauptfigur. Tonio Kröger ist in den ersten beiden Kapiteln vierzehn und sechzehn Jahre alt; darauf folgt im 3. Kapitel die Übergangs- und Initiationsphase. Vom 4. Kapitel an, das die Handlung an die Erzählgegenwart heranführt, ist er »ein wenig jenseits der Dreißig« (28). Der Entwicklungsbogen spannt sich also vom 14. Lebensjahr, dem Beginn der Pubertät und Adoleszenz, bis zum Alter von 30 Jahren, das traditionell den endgültigen Eintritt ins Erwachsenenalter bedeutet.

In den frühen Erzählungen Thomas Manns spielt das Alter im Umkreis von 30 Jahren mehrmals eine Rolle. In *Der kleine Herr Friedemann* markiert der 30. Geburtstag in Kapitel 5 den Umschlag der bis dahin ruhigen Lebensgeschichte; im *Bajazzo* beginnt der Ich-Erzähler im Alter von 27 Jahren (Kapitel 9) den Beginn seines Scheiterns zu reflektieren; in *Tristan* wird das Alter der parodistisch gezeichneten Künstlerfigur Spinell in Kapitel 4 mit »Anfang der Dreißiger« angegeben. Die Identitätssuche des Künstlers, Zentralthema des Frühwerks mit zum Teil unverhülltem biographischem Bezug, wird durch das Umkreisen des Lebensalters 30 an die gesellschaftliche Forderung des Eintritts in ein bürgerlich verantwortliches Erwachsenenleben gekoppelt. Daß Thomas Mann 1905 im Alter von 30 Jahren heiratete, sich damit nach Jahren eines gemäßigten Bohèmelebens eine »Verfassung« gab, wie er am 17. 1. 1906 an den Bruder Heinrich schreibt, ist daher von einer besonderen werk- und lebensgeschichtlichen Koinzidenz. Das Schlußkapitel von *Tonio Kröger*, das nach der Abwendung vom Ästhetizismus das Programm einer dem bürgerlichen Ethos verpflichteten Kunst formuliert, bedeutet auch das Erwachsenwerden der Künstlerfigur. Das Besondere dieses Textes ist die Kopplung von biologischem Reife- und künstlerischem Erkenntnisprozeß, der auf verschiedenen Bewußtseinsstufen entfaltet wird.

3.2 Zu den einzelnen Kapiteln

1. Kapitel

Die Erzählung setzt ein mit einem Naturbild, einer atmosphärischen Schilderung, die klare Festlegungen vermeidet. Die Wintersonne ist »milchig und matt«, »manchmal fiel eine Art von weichem Hagel, nicht Eis, nicht Schnee« (7). Dies bereitet den Leser auf die Art der Wirklichkeitsaufnahme vor, die hier erzählerisch gestaltet wird: »Nicht nur die Phänomene des Menschlichen sind im ›Tonio Kröger‹ bunt und vielgestaltig, sondern ebenso gleiten die Naturdinge zwischen ihren Grenzen. Die Beschreibung jahreszeitlicher Atmosphären zeigt diese niemals rein und ungebrochen.« (Pütz 1975, S. 74). Pütz setzt diese Art der Naturschilderung in Beziehung zu einem Freiwerden der ästhetischen Wahrnehmung, einer perspektivischen Annäherung an die Wirklichkeit, bei der »die fixen Begriffe in gleitende Beziehungen« aufgelöst werden (ebd., S. 75). Diesem Aspekt von Modernität, dem auf der gedanklichen Ebene ein Umspielen und Erproben von Existenzformen des Künstlers und Funktionsbestimmungen von Kunst entsprechen, steht v.a. in den erzählenden Kapiteln 1 und 2 ein fast naiver epischer Erzählton im Stile altdeutscher Prosa gegenüber: » Ihre Väter waren große Kaufleute, die öffentliche Ämter bekleideten und mächtig waren in der Stadt.« (8; vgl. die archaisierende Stilhaltung des gesamten Absatzes).

Das Geschehen des 1. Kapitels wird weitgehend aus der Perspektive Tonios erzählt, wobei Außensicht und Innensicht wechseln. Er ist die Figur, die von Anfang an im Mittelpunkt steht und über deren Vergangenheit, Familiensituation, Gefühlshaltung und Gedanken mit der Stimme des allwissenden und mitunter räsonnierenden und kommentierenden Erzählers berichtet wird: »Wer am meisten liebt, ist der Unterlegene und muß leiden –, diese schlichte und harte Lehre hatte seine vierzehnjährige Seele bereits vom Leben entgegengenommen« (9). An mehreren Stellen geht die insgesamt dominante auktoriale Erzählhaltung in personales Erzählen über: »Tonio verstummte, und seine Augen trübten sich. Hatte Hans es vergessen, fiel es ihm erst jetzt wieder ein, daß sie heute mittag ein wenig zusammen spazierengehen wollten?« (7; vgl. auch 15, Übergang von Zeile 15 zu 16). Mehrmals tritt also die auktoriale Erzählstimme zurück und vermischt sich fast unmerklich mit erlebter Rede.

Mit Hans Hansen tritt die erste in der Reihe der bürgerlichen Kontrastfiguren zur Außenseiter- und Künstlerfigur Tonio Kröger auf. Zunächst jedoch wird die

Gemeinsamkeit der beiden Jungen betont: Sie sind vierzehnjährige Schulkameraden und als Söhne wohlhabender Kaufleute von gleicher sozialer Herkunft. Die Berufe der Väter, Besitzer eines Sägewerks und einer Getreidefirma, werden im Mannschen Frühwerk mehrfach variiert. In *Der kleine Herr Friedemann* und *Der Bajazzo* treten die Protagonisten jeweils in ein Holzgeschäft ein, während geschäftlicher Aufstieg und Niedergang einer Getreidefirma zentrales Handlungselement des Romans *Buddenbrooks* ist. Mit der Formulierung »und seiner Vorfahren großes altes Haus war das herrschaftlichste der ganzen Stadt« (8) wird in archaisierender Sprachhaltung auf das Haus der Großeltern Thomas Manns in der Mengstraße, dem dominanten Handlungsort von *Buddenbrooks*, angespielt. 1891 war nach der testamentarischen Verfügung des Vaters, Thomas Johann Heinrich Mann, die Auflösung der »mehr als hundertjährige[n] Getreidefirma« (GW XI, S. 100) erfolgt; der Senator bewies damit Einsicht in das kaufmännische Desinteresse seiner beiden Söhne (vgl. de Mendelssohn 1975, S. 131 ff.). Mit dem Beruf des Vaters stellt Thomas Mann seiner Figur Tonio Kröger ein autobiographisches Detail zur Verfügung und stellt sie so in die Reihe der Söhne des Frühwerks, in deren Gestaltung die eigene problematische Sohnesrolle immer wieder in fiktionaler Verfremdung bearbeitet wird.

Die Hochachtung, die den beiden Schuljungen auf ihrem Heimweg entgegengebracht wird (vgl. 8), bildet in realistischer Weise die noch ständisch orientierte Sozialordnung der Hansestadt Lübeck ab (vgl. Kap. 1.1). Die gemeinsame Zugehörigkeit zum Stadtpatriziat wird jedoch überlagert von einer physischen und psychischen Kontrastierung, die als Leitthema im Verlauf der Erzählung in weitergehende Antagonismen überführt wird. Hans Hansen ist blond und blauäugig; er verkörpert mit Seemanns-Überjacke, Marineanzug und Matrosenmütze den norddeutschen Menschentypus und besitzt darüber hinaus alle Attribute eines bis heute wirksamen Männlichkeitsideals: »Er war außerordentlich hübsch und wohlgestaltet, breit in den Schultern und schmal in den Hüften, mit freiliegenden und scharfblickenden stahlblauen Augen.« (8) Der »taktfest[e]« Schritt und die sportlichen Fähigkeiten dieser Figur weisen auf Einflüsse der Jugendbewegung der Jahrhundertwende mit ihrer Hochschätzung jugendlicher Kraft und Körperbeherrschung hin. Die Figur Tonio Kröger wird als Kontrast dazu vorwiegend mit weiblich konnotierten Merkmalen ausgestattet: »Aber unter Tonio's runder Pelzmütze blickten aus einem brünetten und ganz südlich scharfgeschnittenen Gesicht dunkel und zart umschattete Augen mit zu schweren Lidern träumerisch und ein wenig zaghaft hervor . . . Mund und Kinn waren ihm ungewöhnlich weich gebildet.« (8) Das Merkmal der ›umschatteten Augen‹ ist eines der stereotypen Dekadenzsignale im Werk Thomas Manns von den frühen Erzählungen bis zu Adrian Leverkühn im *Doktor Faustus*; damit wird Tonio Kröger in die Reihe der problematischen Figuren gestellt, die Künstler oder zumindest bürgerliche Außenseiter sind.

Tonio Kröger wirbt um die Gunst des bei allen beliebten Schulfreundes: »Die Sache war die, daß Tonio Hans Hansen liebte und schon vieles um ihn gelitten hatte.« (9) Diese Figur trägt Züge eines Mitschülers von Thomas Mann, Armin

Martens, von dem er noch 1955 bekennt: »Denn *den* habe ich geliebt – er war tatsächlich meine erste Liebe, und eine zartere, selig-schmerzlichere war mir nie mehr beschieden.« (Briefe III, S. 387) Die literarische Verarbeitung einer erinnerten jugendlichen Emotion wird intensiviert durch die Freundschaft zu dem nahezu gleichaltrigen Münchner Maler Paul Ehrenberg während der Arbeit an *Tonio Kröger*. Thomas Mann beschreibt die ebenfalls von starkem Gefühlsaufwand getragene Beziehung, deren homoerotischer Charakter die Identitätsproblematik dieser Lebenszeit verstärkte, als »Auferstehung meiner Empfindungen für jenen zugrunde gegangenen blonden Schulkameraden, aber dank größerer geistiger Nähe sehr viel glücklicher.« (GW XI, S. 107) Auf diese Freundschaft zu Paul Ehrenberg spielt *Tonio Kröger* in subtiler Weise an. Die Vorliebe Hans Hansens für Pferdebücher – trivialer Kontrast zu Tonios Schiller-Lektüre – ist auf einer anderen Ebene eine literarische Verfremdung der Tatsache, daß Ehrenberg bevorzugt Tier-, darunter auch Pferdebilder malte (vgl. Bellmann 1986, S. 8). Hans Hansens Erwähnung von »Augenblicksphotographien«, welche Pferde in Stellungen zeigen, »die man in Wirklichkeit gar nicht zu sehen bekommt, weil es zu schnell geht« (13), hat darüber hinaus einen konkreten zeithistorischen Bezug. 1878 hatte der amerikanische Photograph Muybridge die ersten Aufnahmen galoppierender Pferde veröffentlicht, welche als Dokumente einer durch technische Möglichkeiten veränderten Wirklichkeitswahrnehmung bei Wissenschaftlern und Künstlern, v.a. Malern, große Aufmerksamkeit erregten.* Im Gegensatz zum träumerischen Tonio Kröger, der seine Fantasien auf Literatur richtet, erweist auch dieses erzählerische Detail Hans Hansen als Vertreter des Wilhelminischen Bürgertums, das sich technische Erfindungen zunutze machte.

Jendreiek sieht in Tonios Liebe zu Hans Hansen »eine Vorwegnahme der Liebe Aschenbachs zu Tadzio« (Jendreiek 1977, S. 189). Wie im *Tod in Venedig* sei diese Liebe ästhetisch motiviert, sie führe jedoch nicht zur existentiellen Gefährdung, sondern werde zum schöpferischen Impuls (ebd.). Jedoch wird erst im *Tod in Venedig* überzeugend der Sublimierungsprozeß gestaltet, in dem reale menschliche Schönheit zum Auslöser von Schönheit wird, die in der Kunst erst erschaffen werden muß. In *Tonio Kröger* hat Hans Hansen in erster Linie die Funktion, Tonios emotionale Bindung an die eigene bürgerliche Herkunft und den bürgerlichen Lebensentwurf, den er für sich selbst zurückweist, zu personifizieren. Der Künstler-Bürger-Gegensatz wird nicht nur in den theoretisierenden Passagen reflektiert, sondern auch literarisch inszeniert durch die Gestaltung konträrer Figuren, die durch einen leitmotivischen Sehnsuchtstopos zu Tonio Kröger in Beziehung gesetzt werden: »Damals lebte sein Herz; Sehnsucht war darin und schwermütiger Neid und ein klein wenig Verachtung und eine ganze keusche Seligkeit.« (17) Im Motiv der Sehnsucht, das seit der Romantik in der Literatur des 19. Jahrhunderts präsent ist, ist als erste Entwicklungsstufe Tonio Krögers ein

* Diesen Hinweis verdanke ich Studierenden meines Seminars zu Thomas Manns frühen Erzählungen an der Universität Karlsruhe.

romantisches Welt- und Kunstverständnis wirksam, das dem Künstler die Aufgabe zuweist, in seiner Kunst die Dinge zu beleben und Gegensätze zu versöhnen.

In psychoanalytischer Sicht erscheint die Figurenkonstrastierung Hans Hansen – Tonio Kröger auch als Aufspaltung einander widersprechender Wunschbilder der Pubertät auf zwei gegensätzliche Figuren. Tonios elitärem Außenseitertum mit Erfahrung von Einsamkeit und Unverstandensein (»Ja, es war in allen Stücken etwas Besonderes mit ihm, ob er wollte oder nicht, und er war allein und ausgeschlossen von den Ordentlichen und Gewöhnlichen«, 15) steht die volle Erfüllung der sozialen Normen gegenüber, die auf die Figur Hans Hansen projiziert wird (»Wer so blaue Augen hätte, dachte er, und so in Ordnung und glücklicher Gemeinschaft mit aller Welt lebte wie du!«, 12). Die wirkungsvolle Gestaltung solcher ambivalenter Pubertätsempfindungen ist ein Grund dafür, warum *Tonio Kröger* immer in besonderer Weise als Text der Jugend rezipiert worden ist. Eine Analogie zwischen jugendlichem und künstlerischem Bewußtsein stellt Haug her; im »poetischen Fetischismus« des 1. Kapitels (»Der Springbrunnen, der alte Walnußbaum, seine Geige und in der Ferne das Meer, die Ostsee, deren sommerliche Träume er in den Ferien belauschen durfte, diese Dinge waren es, die er liebte«, 10) sieht Haug »ein Überbleibsel der kindlichen Spielwelt« des wirklichkeitsfernen Träumers (Haug 1969, S. 45).

Der vierzehnjährige Tonio Kröger wird als Rezipient und Produzent von Literatur eingeführt; ein Heft mit selbstgeschriebenen Versen »war durch sein eigenes Verschulden bekanntgeworden und schadete ihm sehr, bei seinen Mitschülern sowohl wie bei den Lehrern« (10). Im *Lebensabriß* von 1930 berichtet Thomas Mann in analoger Formulierung vom Eindruck seiner Schülerpoesie auf die Lehrer: »Bei diesen schadete mir sehr, daß ich ›dichtete‹.« (GW XI, S. 99) Wichtiger ist im 1. Kapitel jedoch die Rezeption von Literatur, die in psychologisch stimmiger Weise als identifikatorische und damit unreif-pubertäre Kunstrezeption eines vierzehnjährigen Jungen gestaltet wird: »›Ich habe jetzt etwas Wundervolles gelesen, etwas Prachtvolles . . .‹, sagte er. Sie gingen und aßen gemeinsam aus einer Tüte Fruchtbonbons« (13). Diese alterstypische Vermischung von Gefühlspathos und Alltagsbanalität kennzeichnet auch Thomas Manns eigene frühe Schiller-Rezeption; im *Lebensabriß* spricht er von den »behaglich-begeisterten Stunden«, die er »nach der Schule bei einem Teller voll belegter Butterbrote mit der Lektüre Schillers verbrachte« (GW XI, S. 108 f.). Noch der 80jährige Thomas Mann betont in seinem *Versuch über Schiller* das dem jugendlich-pubertären Pathos verwandte Gefühlsmuster, das »großartig Kindliche« der Schillerschen Dichtung (GW IX, S. 881). Tonio Kröger versucht, den Freundschaftsbund zwischen Don Carlos und Marquis Posa im norddeutschen Kaufmannsmilieu nachzuleben, was in seiner Inadäquatheit eindeutig ironisiert wird. In der Figurenkonstellation einer Jungenfreundschaft werden so die Kunstfeindlichkeit des Bürgertums und die Einsamkeit des Künstlers abgebildet, die als Erfahrung von Ausgeschlossensein auf die literarische Figur des weinenden Königs projiziert wird (vgl. 13). Leidens- und Erkenntnisfähigkeit, die sich im Durchschauen der Handlungsmotivationen von Lehrern und Mitschülern zeigt, werden zum Distinktionsmerkmal des künstlerischen Bewußtseins: »Wie weh es tat, dies alles durchschauen zu müssen!« (15)

Die zweite Opposition des 1. Kapitels ist eine Variation des Vater-Mutter-Antagonismus, der die Gegensätzlichkeit des Mannschen Elternpaares abbildet, die für die psychische Konditionierung des jungen Thomas Mann prägend war. Die Erfahrung dieser Oppositon zwischen einem bürgerlich achtunggebietenden Vater und einer Mutter mit künstlerischen Neigungen, die zudem durch ihre deutsch-brasilianische Abstammung auf das traditionalistische Lübecker Bürgertum exotisch wirkte, wird zu einer Grunderfahrung von Realität, die in unterschiedlichsten literarischen Verfremdungen immer wieder ihren Ausdruck findet. Im Namen Tonio Kröger ist diese Gegensätzlichkeit zwischen dem südlichen Element, für Thomas Mann immer mit Kunst assoziiert, und dem bürgerlich konnotierten Norden sprachlich komprimiert (vgl. auch die Erzählung *Der Wille zum Glück* mit dem analog gebildeten Namen Paolo Hofmann). Der Grad der Verfremdung des realen Vater- und Mutterbildes ist in *Tonio Kröger* jedoch relativ groß. Der respektgebietende Senator Mann unterschied sich sehr von dem Herrn »mit sinnenden blauen Augen, der immer eine Feldblume im Knopfloch trug« (10). Auf den Charakter der literarischen Stilisierung und Verfremdung macht Thomas Mann in *Das Bild der Mutter* von 1930 aufmerksam. Er weist eine biographische Deutungstradition zurück, die v.a. die Mutterfigur in *Tonio Kröger* mit seiner realen Mutter identifiziert (vgl. GW XI, S. 420). In einem Brief von 1939 porträtiert er sie in eindrucksvoller und für *Tonio Kröger* aufschlußreicher Weise:

> »Ihre sinnlich-präartistische Natur äußerte sich in Musikalität, geschmackvollem, bürgerlich ausgebildetem Klavierspiel und einer feinen Gesangskunst, der ich meine gute Kenntnis des deutschen Liedes verdanke. Sie war ja in sehr zartem Alter nach Lübeck verpflanzt worden und verhielt sich, solange sie den großen Hausstand leitete, durchaus als angepaßtes Kind der Stadt und ihrer oberen Gesellschaft. Aber Unterströmungen von Neigungen zum ›Süden‹, zur Kunst, ja zur Bohême waren offenbar immer vorhanden gewesen und schlugen nach dem Tode ihres Mannes und der Änderung der Verhältnisse durch, was die prompte Übersiedlung nach München erklärt.« (Briefe II, S. 100 f.)

Die Verbindung von Süden, Kunst und Bohème prägt als gedankliches Muster die erste Entwicklungsstufe der Künstlerfigur Tonio, dem das Bürgerliche, obwohl er dessen Anspruch auf Leistung und Pflichterfüllung zurückweist, als achtbar, das Künstlerische dagegen als »ein wenig liederlich« erscheint: »Wenigstens gehört es sich, daß man mich ernstlich schilt und straft dafür, und nicht mit Küssen und Musik darüber hinweggeht. Wir sind doch keine Zigeuner im grünen Wagen, sondern anständige Leute, Konsul Kröger, die Familie der Kröger . . .« (11). Die Gleichsetzung von Kunst und Zigeunertum, die leitmotivisch die Erzählung durchzieht, entspringt dem gedanklichen Horizont bürgerlicher Weltwahrnehmung mit ihrer Tendenz zu sozialer Abgrenzung und Abwehr anarchischer Elemente von Kunst.

2. Kapitel

Die Figurenkonstellation des 1. Kapitels wird neu aufgenommen und variiert. Dem jetzt sechzehnjährigen Tonio Kröger tritt die blonde und blauäugige Ingeborg Holm als weibliche Verkörperung des bürgerlichen Lebens gegenüber. Das Liebes- und Sehnsuchtsthema wird auf dieser Entwicklungsstufe noch intensiviert: »und ein Entzücken ergriff sein Herz, weit stärker als jenes, das er früher zuweilen empfunden hatte, wenn er Hans Hansen betrachtete« (17 f.). Es gibt kein Gespräch zwischen Tonio und Inge; nur in inneren Monologen spricht er sie an: »Ich liebe dich, liebe, süße Inge, sagte er innerlich« (21); »Deine länglich geschnittenen, blauen, lachenden Augen, du blonde Inge! So schön und heiter wie du kann man nur sein, wenn man nicht ›Immensee‹ liest und niemals versucht, selbst dergleichen zu machen; das ist das Traurige! ... « (22). Formal interessanter ist jedoch die Anrede des kommentierenden Erzählers aus deutlich betonter zeitlicher Distanz; sie hebt die Authentizität dieser Figur und ihre bleibende Attraktivität als Sehnsuchtsziel des Künstlers hervor: »Denn damals lebte sein Herz. Warm und traurig schlug es für dich, Ingeborg Holm, und seine Seele umfaßte deine blonde, lichte und übermütig gewöhnliche kleine Persönlichkeit in seliger Selbstverleugnung.« (23)

Jedoch wird die Empfindungsfähigkeit der Künstlerfigur, die sprachlich in der leitmotivischen Formel »damals lebte sein Herz« konzentriert ist, bereits vage künstlerischer Produktivität entgegengesetzt: die Liebe – schon in *Der kleine Herr Friedemann* mit Verstörung und Demütigung der Außenseiterfigur assoziiert – hindere daran, »eine Sache rund zu formen und in Gelassenheit etwas Ganzes daraus zu schmieden« (18). Auch in diesem Kapitel wird die Rezeption von Literatur funktional eingesetzt; während der vierzehnjährige Tonio Kröger seine Freundschaft zu Hans Hansen im Freundschaftsbund Don Carlos/Marquis Posa zu spiegeln und damit zu literarisieren versucht, findet der Sechzehnjährige seine eigene Erfahrung unerfüllter Liebe vorgeformt in Theodor Storms Novelle *Immensee* von 1850 (vgl. 22), deren melancholischer Charakter dem Gefühlspathos der frühen Adoleszenz adäquat ist. Die Erwähnung einer Verszeile aus Storms Gedicht *Hyazinthen* von 1852 »Ich möchte schlafen, aber du mußt tanzen« (21), die im 8. Kapitel leitmotivisch wiederholt wird (70), zeigt die gleiche Spiegelung eigener Erfahrung in der Literatur.

Die Grundopposition des künstlerischen Außenseiters zu den Vertretern bürgerlicher Normalität wird im 2. Kapitel erweitert durch die Außenseiterfigur Magdalena Vermehren als weibliches alter ego Tonio Krögers, ebenso wie Ingeborg Holm die weibliche Parallelfigur zu Hans Hansens ist. Tonio Kröger und Magdalena Vermehren, die beide die Regeln bürgerlicher Denk- und Lebensformen so eklatant verletzen, werden Ingeborg Holm und der in der Erinnerung präsente Hans Hansen entgegengestellt, die sich in vollem Einklang damit befinden. Zum ersten Mal erscheint hier das Leitmotiv des Tanzes, das doppelt konnotiert ist: »Der Tanz dient wie in Nietzsches *Geburt der Tragödie* als Symbol dionysischen Lebensrausches« (Jendreiek 1977, S. 192); andererseits ist er als ›Tanzkurs‹

zivilisatorische Mäßigung solcher elementarer Lebensfreude zu den ritualisierten Formen bürgerlicher Geselligkeit, an denen der Künstler in der Logik des Textes notwendig scheitern muß. Mehrmals wird im Frühwerk Thomas Manns die Beobachterrolle als die dem Künstler oder dem unbürgerlichen Außenseiter einzig adäquate Haltung bestimmt; im *Friedemann*, im *Bajazzo* und im Roman *Königliche Hoheit* (hier ebenfalls in einer Tanzszene) wird das Heraustreten aus einer selbstgenügsamen oder elitären Isolation als psychische oder sogar physische Absturzgefahr gestaltet. Magdalena Vermehren fällt auf dem glatten Parkett (20), und Tonio Kröger begeht einen gesellschaftlichen Fauxpas, indem er als junger Mann in eine weibliche Tanzfigur gerät (21), was auch als subtiles Zeichen erotischer Ambivalenz zu deuten ist.

Ingeborg Holm wird mehrmals mit dem Attribut »lustig« ausgestattet, wie überhaupt Lachen ein Leitwort des 2. Kapitels ist. Dieses Lachen bildet die Stimmung einer jugendlichen Tanzstundengesellschaft realistisch ab, dient jedoch auch als Verlachen deutlich der Ausgrenzung von unkonformem Verhalten der Außenseiterfiguren. Als Reaktion darauf verstärkt sich Tonios Einsamkeit; diese Haltung ist wiederum vermischt mit wechselnden pubertären Inferioritäts- und Superioritätsgefühlen. Eindrucksvoll ist dies in einer Szene fast autistischer Vereinzelung gestaltet: »Aber Tonio Kröger stahl sich fort, ging heimlich auf den Korridor hinaus und stellte sich dort, die Hände auf dem Rücken, vor ein Fenster mit herabgelassener Jalousie, ohne zu bedenken, daß man durch diese Jalousie gar nichts sehen konnte« (22).

Eine Gegenfigur zu Tonio Kröger ist der Ballettmeister François Knaak; die analog gebaute Namensopposition wird in seinem Fall deutlich ironisiert. Seine Aufgabe als Tanzlehrer ist die Ästhetisierung bürgerlicher Umgangsformen, also eine Verbindung bürgerlicher und künstlerischer Elemente. Die Zwischenposition, die er dadurch einnimmt, ist jedoch von ganz anderer Art als die Tonio Krögers; sie dient lediglich der Möglichkeit eitler Selbstinszenierung vor einem bürgerlichen Publikum. Vor eben diesem Publikum macht François Knaak Tonio Kröger lächerlich: »Alles lachte, die Jungen, die Mädchen und die Damen jenseits der Portieren, denn Herr Knaak hatte etwas gar zu Drolliges aus dem Zwischenfall gemacht, und man amüsierte sich wie im Theater.« (21) Der Erzähler nimmt jedoch subtile Rache, indem er durch groteske Figurenüberzeichnung den Tanzlehrer dem Verlachen durch das Lesepublikum ausliefert: »Wie wunderbar der seidig schwarze Gehrock sich an seine fetten Hüften schmiegte! In weichen Falten fiel sein Beinkleid auf seine Lackschuhe hinab, die mit breiten Atlasschleifen geschmückt waren, und seine braunen Augen blickten mit einem müden Glück über ihre eigene Schönheit umher ...« (18 f.). Diese Selbstgenügsamkeit eines narzißtischen Ich, das sich dem bürgerlichen Publikum als Schauobjekt präsentiert, verfällt dem Verdikt des künstlerischen Bewußtseins: »Was für ein unbegreiflicher Affe, dachte Tonio Kröger in seinem Sinn. [...] Ja, man mußte dumm sein, um so schreiten zu können wie er« (20). In der Intention des Textes hat nur der Künstler als Außenstehender und passiver Beobachter Sinn für das Lächerliche gesellschaftlicher Rollen. In einem inneren Monolog stellt sich Tonio vor, durch

Publikation von Literatur auf Ingeborg Holm, stellvertretend für das bürgerliche Publikum, Eindruck zu machen, jedoch wird diese Machtphantasie sofort zurückgenommen: »Es würde *keinen* Eindruck machen, nein, das war es ja.« (23) Die Einsicht Tonio Krögers, »seine Sprache war nicht ihre Sprache« (23), führt zum langsamen Erkalten der Liebe. Die Erfahrung der Avantgardekunst des 19. Jahrhunderts, kein breites bürgerliches Publikum zu haben, sondern nur für eine intellektuelle Elite zu schreiben, wird in diesem Kapitel im Scheitern einer jugendlichen emotionalen Bindung ins Bild gebracht.

3. Kapitel

In starker zeitlicher Raffung wird in diesem kurzen Kapitel über die Phase zwischen der Jugend und dem Lebensalter »ein wenig jenseits der Dreißig« (28) in auktorialer Erzählhaltung mit Einsprengseln von erlebter Rede und innerem Monolog berichtet. Nach Auflösung der heimischen Bindungen entscheidet sich Tonio Kröger für das Leben als Künstler. Es folgt eine Phase emotionaler und sozialer Entwurzelung, die Thomas Manns eigene »soziale Ortlosigkeit nach der Liquidation der Firma« (Kurzke 1985, S. 25) abbildet. Die Vater-Mutter-Opposition wird nochmals aufgenommen und durch das unterschiedliche Schicksal der Elternfiguren akzentuiert; nach dem Tod des Vaters folgt die Mutter einem Musiker »in blaue Fernen« (25). Diese Variante des Zigeunermotivs zeigt ihre endgültige Verbindung mit der Bohème. Daß Tonio Kröger dieses Verhalten in leitmotivischer Formulierung »ein wenig liederlich« findet (25), zeigt seine Über-Ich-Prägung durch väterlich-bürgerliche Verhaltensnormen. Jedoch wird für ihn der Süden zum Ort der künstlerischen Initiation.

Am Beginn des Kapitels wird in subtiler Weise der Künstler-Bürger-Gegensatz formuliert. Der ur-bürgerlichen Frage, »was in aller Welt er zu werden gedachte« (24), die mit der Erwartung verbunden ist, sich für einen bestimmten Beruf zu entscheiden, setzt Tonio Kröger das Bewußtsein entgegen, »daß er die Möglichkeiten zu tausend Daseinsformen in sich trage« (24). Bürgerlicher Festlegung wird damit die ständige »métamorphose intellectuelle et sentimentale« entgegengesetzt, die Paul Bourget als Kennzeichen des Dilettanten bestimmt hatte (vgl. Kap. 4.3); folgerichtig liest sich das Kapitel »wie der Steckbrief eines kosmopolitischen Dilettanten« (Vaget 1990, S. 565). Die ambivalente Haltung des Außenseiters hat sich zu »Spott« (25) über bürgerliche Enge und Beschränktheit und zu eindeutiger Entscheidung für die Welt der Kunst verfestigt. Auf die beginnende schriftstellerische Tätigkeit verweist die Formulierung: »denn er pflegte zu sagen (und hatte es auch bereits aufgeschrieben)«, deren selbstgefälliger Ton durch Wiederholung noch bekräftigt wird (24, 26). Insgesamt ist dieses Kapitel von starkem Sprachpathos gekennzeichnet:

»Er ergab sich ganz der Macht, die ihm als die erhabenste auf Erden erschien, zu deren Dienst er sich berufen fühlte, und die ihm Hoheit auf Erden versprach, der Macht des Geistes und Wortes, die lächelnd über dem unbewußten und stummen Leben thront. [...] Sie schärfte seinen Blick und ließ ihn die großen Wörter durchschauen, die der Menschen Busen blähen, sie erschloß ihm der Menschen Seelen und seine eigene, machte ihn hellsehend und zeigte ihm das Innere der Welt und alles Letzte, was hinter den Worten und Taten ist. Was er aber sah, war dies: Komik und Elend – Komik und Elend.« (25 f.)

Der romantischen Stilisierung des Künstlers folgt die an Nietzsches Entlarvungspsychologie geschulte Desillusionierung, die bereits auf den ›Erkenntnisekel‹ des 4. Kapitels vorausweist. Žmegač stellt die Formel von »Komik und Elend« in den Kontext der Literatur der Jahrhundertwende:

»An unkritischem Gebrauch ›großer Wörter‹ gab es um die Jahrhundertwende wahrhaftig keinen Mangel. Die Gegenperspektive Tonios ist daher durchaus verständlich. Nicht zu vergessen ist freilich, daß ›Komik und Elend‹ ebenfalls nur eine abstrakte Formel ist, gleichsam die Kehrseite des vitalistischen Pathos. Die typologische Verallgemeinerung wird darin nicht nur getadelt, sondern auch bestätigt.« (Žmegač 1981, S. XLV)

In der Formel von »der Qual und dem Hochmut der Erkenntnis« (26), die den Künstler endgültig vom ›dummen‹ bürgerlichen Leben ausschließt, zeigt sich ein problematischer Aspekt der deutschen Innerlichkeit und Gefühlskultur. Daß Erkenntnisfähigkeit und ihr künstlerischer Ausdruck als Schuld und Ursache für Vereinsamung erfahren werden, verweist auf fehlendes Selbstbewußtsein weiter Teile der deutschen Intelligenz. Intellektuelle Kunst wird mit sozialer Bindungslosigkeit und Gefühlskälte konnotiert: Die leitmotivische Formulierung der ersten beiden Kapitel »damals lebte sein Herz« (17, 23) wird kontrastiert durch die neue Zustandsbeschreibung »da sein Herz tot und ohne Liebe war« (26). Dieses Heraustreten aus der Wärme des bürgerlichen Gefühls wird in Verbindung gesetzt zu sexuellen Exzessen, Krankheit und daraus resultierender Sensibilisierung des künstlerischen Formbewußtseins.

Eine so hergeleitete Ästhetisierung von Kunst entspricht der Selbstinszenierung des dekadenten Künstlers, der die seit der Romantik gedachte Verbindung von Kunst und Tod weitertreibt zur Fasziniertheit von Verfall, psychischer Pathologie, sexueller Perversion, höchster Verfeinerung der Empfindungsfähigkeit und einem generellen und zumeist provokativen Heraustreten aus der Normalität bürgerlichen Denkens und Fühlens. Einen konkreten Bezug zu Oscar Wildes Dekadenzroman *The Picture of Dorian Gray* (1890, erste dt. Übers. 1901) stellt in jüngster Zeit Detering her. Er interpretiert Tonio Krögers »Abenteuer des Fleisches« (26) als homoerotische Erlebnisse: »der Text soll denjenigen, die diese Anspielungen zu entschlüsseln vermögen, *zu verstehen geben*, daß Tonios homoerotische Neigungen mit der Knabenfreundschaft mit Hans Hansen keineswegs beendet sind [. . .], daß in der Homosexualität der Grund für die Empfindung ›unsäglichen‹ Leidens und ›heißer Schuld‹ liegt, die der Held und sein Erzähler teilen.« (Detering 1992, S. 6 f.) Dieser Deutungsansatz ist dadurch zu relativieren, daß Formulierungen wie »Wollust und heiße Schuld«, »Lüste«, »Ekel und Haß gegen die Sinne« und »Lechzen nach Reinheit« (26) der Begrifflichkeit einer protestantischen Sündentheologie entstammen und daß die im Text hergestellte Verbindung von Sexualität und Schuld ein genereller Ausdruck christlich-bürgerlicher Moral ist.

Das Gegengewicht zur Dekadenz ist ein »zäh ausharrender und ehrsüchtiger Fleiß« (27), also Arbeitsethos als *die* bürgerliche Tugend schlechthin. Ergebnis dieser ambivalenten Lebens- und Arbeitsweise ist der einsetzende literarische Erfolg Tonio Krögers; wenn er jedoch »nur als Schaffender in Betracht zu kommen wünscht« (27), so überträgt er damit die bürgerliche Vorstellung von der identitätsstiftenden Funktion von Arbeit auf Kunst. Dies verbindet sich mit einer nochmaligen Absage an die Bohème und wird überlagert von der Zuspitzung des Kunst-Leben-Gegensatzes, »daß, wer lebt, nicht arbeitet, und daß man gestorben sein muß, um ganz ein Schaffender zu sein« (27). Bürgerliches Arbeitsethos und ästhetizistisches Kunstpathos bilden so eine eigentümliche und von Widersprüchen nicht freie Mischung.

4. Kapitel

Dieses Kapitel, »das artistische Credo des frühen Thomas Mann« (Jendreiek 1977, S. 180), bildet das gedankliche Zentrum der Erzählung und führt die Handlung an die Erzählgegenwart heran. Es bündelt eine Fülle von Themen des Frühwerks, die in ihrer Disparität den noch unsicheren Versuch einer neuen Positionsbestimmung des Künstlers widerspiegeln. Stilistische Experimente und das Erproben verschiedener Erzählhaltungen sind kennzeichnend für die frühen Erzählungen; mehrmals enthalten sie »essayistische Partien, die nur notdürftig episch zubereitet sind« (Vaget 1990, S. 536). In Kapitel 4 sind jedoch die theoretisierenden Passagen so dominant und zeugen durch hohes Sprachpathos von so starker emotionaler Beteiligung, daß die Fiktion eines Künstlerdialoges nahezu gesprengt wird und die Tonio Kröger zugeschriebenen Reflexionen zu einer künstlerischen Bestandsaufnahme des Autors werden. Hier handelt es sich also nicht mehr um ein souverän und mit ironischer Distanz durchgeführtes reines Stilexperiment. Auch der Handlungsort München, Tonio Krögers Alter »ein wenig jenseits der Dreißig« (28) und sein Porträt, das in der Zurückweisung bohèmehafter Kostümierung die bürgerliche Korrektheit Thomas Manns abbildet (vgl. 29), verweisen auf die biographische Situation des Autors.

Die Begegnung Tonio Krögers und der russischen Malerin Lisaweta Iwanowna wird als Genrebild der künstlerischen Bohème gestaltet. Auffällig ist das deutlich ausgeführte Sonnenthema: Die Sonne beschien »das werdende Werk auf der Staffelei und davor die Malerin und den Dichter« (28). Beleuchtet wird eine Reihe von Gegensätzen: Frühlingsduft kontrastiert mit dem »Geruch von Fixativ und Ölfarbe«, bohèmehafte Ärmlichkeit und Unordnung des Ateliers mit dem »stilvoll möblierten Wohn- und Mußewinkel« (28), schließlich die Malerei mit der Literatur. Vor dem unvollendeten Werk der Malerin entwickelt sich ein Dialog über Kunst, der von der Erfahrung von »Konflikt und Gegensatz« (29) ausdrücklich ausgeht und bald zu einem Monolog des Dichters wird, dessen künstlerisches Medium die Sprache ist. Die Figur Lisaweta Iwanowa wird zwar nur skizziert, ihre Gesprächsbeiträge beschränken sich auf kurze Kommentare, doch ist die knappe Zeichnung dieser Figur offenbar so eindrucksvoll, daß das 4. Kapitel in der Sekundärliteratur immer wieder »Lisaweta-Kapitel« genannt wird. Zahlreich sind die Versuche, die Funktion dieser Figur als wichtiges strukturelles Element der Erzählung zu deuten.

Lisaweta wird als Malerin in selbstverständlicher Ausübung ihrer Kunst gezeigt, während Tonio Kröger seine Kunst, die Literatur, ständig problematisiert. Während des Gesprächs kocht Lisaweta Tee und bietet Tonio Kröger Zigaretten an; diese praktischen Verrichtungen ironisieren ebenso wie ihre knappen Kommentare und Zwischenbemerkungen die Emphase von Tonio Krögers Kunstmonolog. Die darin erreichte Position wird so als Zwischenstufe gekennzeichnet: »Es ist ein ironischer Kunstgriff Thomas Manns, daß er Lisaweta als Gestalt der theoretischen Selbstspiegelung Tonios einsetzt, um Tonios Sehnsucht nach dem Leben als gedankliches Spiel mit der anderen Möglichkeit seiner selbst sichtbar machen zu können.« (Jendreiek 1977, S. 181) Diese Klärung geschieht im Sonnenlicht des Ateliers, das so durchaus metaphorischen Charakter bekommt. Schließlich behält Lisaweta das letzte Wort; ihre Beurteilung Tonios als »verirrter Bürger« (41) schlägt ihn buchstäblich in die Flucht, die dann – psychologisch stimmig – zur Suche nach der eigenen bürgerlichen Identität führt. Als »Präfiguration« von Lisaweta Iwanowna kann Dunja Stegmann, die Gegenspielerin des Protagonisten Anselm in der Erzählung *Gefallen*, gesehen werden: »Beide sind ältere, intellektuell überlegene Frauen, die ihre männlichen Kameraden erledigen – Lisaweta, indem sie Kröger als einen verirrten Bürger diagnostiziert, Dunja, indem sie den noch gimpelhaften Anselm seiner ganz gewöhnlichen Sinnlichkeit überlegen ironisch überführt.« (Vaget 1990, S. 554)

Tonio Kröger beginnt seine Reflexionen über Kunst und Künstler mit einer Problematisierung der traditionellen Vorstellung von der Natur als Inspirationsquelle für den Dichter. Die im Kunstverständnis der Dekadenz voll ausgebildete Ästhetik der Naturferne äußert sich in einer Zurückweisung der Empfindungen, die der Frühling als Metapher für organische Lebenskraft und schöpferische Potenz auslöst. Diese Haltung wird jedoch in der Figur des Novellisten Adalbert, der vor dem Frühling ins »neutrale« Gebiet des Cafés flieht (30), ironisiert, ist doch das Café kein Ort einer artifiziellen Gegenwelt, sondern in der Intention des Textes der einer künstlerischen Bohème mit dilettantischem Kunstverständnis. Wenn Tonio Kröger sich im Gegensatz dazu beschämt fühlt von der »siegenden Jugend« des Frühlings (31), so akzeptiert er damit keinesfalls eine solche überwältigende Naturerfahrung als Auslöser künstlerischer Produktivität. Diese Absage erstreckt sich auch auf die ›Natur im Menschen‹, seine Empfindungsfähigkeit: »Das Gefühl, das warme, herzliche Gefühl ist immer banal und unbrauchbar, und künstlerisch sind bloß die Gereiztheiten und Ekstasen unseres verdorbenen, unseres artistischen Nervensystems.« (31) Dieser Satz liest sich wie eine programmatische Aussage zur Kunst des Ästhetizismus:

> »Kunst als Feindschaft gegen das Leben, der Künstler als Täuscher und als Schauspieler der Lebensempfindungen, die er darstellt und die er nur deshalb zu übertrumpfen vermag, weil er sie selbst gar nicht hegt, schließlich die ästhetische Existenz als Spiegelung der künst-

lerischen unter dem Gesetz der Absonderung vom lebendigen Leben, wie sie sich in einer Reihe von symbolischen Orten andeutet – da ist die tote Stadt, das Haus und der Innenraum, der umgrenzte Garten, als hortus conclusus sowohl Gefangenschaft als auch Schutz, abgeschirmt gegen die häßliche und bedrohliche Wirklichkeit.« (Wuthenow 1978, S. 117)

Man kann sich fragen, ob Lisawetas Malatelier von Tonio Kröger als ein solcher hortus conclusus erfahren wird, nachdem er zuvor den neutralen Ort des Cafés ironisiert hat. Nach dem Gespräch mit Lisaweta wird er jedoch diesen abgeschirmten Raum verlassen und sich auf die Suche nach seiner Herkunft und einer neuen Form von Natur- und Wirklichkeitserfahrung begeben.

In dichtgedrängter Folge werden im weiteren Theorien über Kunst, Künstler und den Künstler-Bürger-Antagonismus entwickelt. Diese Reflexionen werden als persönlich bedrängende mit dem sprachlichen Pathos der leidenden Künstlerfigur vorgetragen. Wortketten wie »etwas Schwerfälliges, Täppisch-Ernstes, Unbeherrschtes, Unironisches, Ungewürztes, Langweiliges, Banales« (31) bilden den Fluß der sich überstürzenden, weitgehend monologisch vorgetragenen Gedanken ab. Der sprachliche Lakonismus Lisawetas ist demgegenüber ein Element distanzschaffender Ironie. Als dialogischer Bezugspunkt garantiert sie zudem den fiktionalen Charakter der Figur Tonio Kröger, auf die der Autor die Stationen seiner eigenen künstlerischen Identitätssuche projiziert. Neben Positionen des Ästhetizismus und der Dekadenz zeigen sich auch Einflüsse des ›objektiven‹ Realismus, der sich Mitte des Jahrhunderts v.a. in den ästhetischen Prinzipien Flauberts konkretisiert hatte. Das darin formulierte Programm einer Intellektualisierung von Kunst, das Zurücktreten des Künstlers hinter das Kunstwerk und die Beobachtung von Welt mit der emotionslosen Haltung des Wissenschaftlers wird in *Tonio Kröger* auf den Aspekt von Empfindungslosigkeit als Produktionsbedingung von Kunst verkürzt. Die besondere Spannung dieser Passagen liegt darin, daß die Notwendigkeit der Zurückdrängung des Gefühls in einer stark emotionalisierten Sprache vorgetragen wird, in der vom »Schicksal«, »Fluch«, vom »Zeichen« auf der Stirn des Dichters die Rede ist (33): »Es ist nötig, daß man irgend etwas Außermenschliches und Unmenschliches sei, daß man zum Menschlichen in einem seltsam fernen und unbeteiligten Verhältnis stehe, um imstande und überhaupt versucht zu sein, es zu spielen, damit zu spielen, es wirksam und geschmackvoll darzustellen.« (31) 1850 schreibt Flaubert in einem berühmten Brief: »Wenn man sich in das Leben mischt, sieht man es schlecht; man leidet daran oder genießt es zu sehr. Der Künstler ist nach meiner Auffassung eine Ungeheuerlichkeit [monstruosité], etwas Widernatürliches.« (Gustave Flaubert: Briefe. Hrsg. u. übers. v. H. Scheffel. Zürich 1977)

Entgegen Thomas Manns eigener Aussage von 1903, Flaubert gehöre zu den Autoren, »die mich anregten, ohne mich zu beeinflussen« (GW X, S. 838), bezeichnet Banuls *Tonio Kröger* geradezu als »Flaubert-Novelle« (Banuls 1990 b, S. 226). Fünfzig Jahre nach Flaubert, dessen Selbststilisierung als Künstler mit der Festlegung auf eine radikal antibürgerliche Außenseiterposition für die nachfolgenden Jahrzehnte ästhetizistischer Kunstpraxis prägend wurden, übernimmt Thomas Mann die Vorstellung vom außer- oder unmenschlichen, bei Flaubert monströsen Charakter des Künstlers, entradikalisiert sie jedoch durch sprachliche Unbestimmtheitssignale und die Einführung des Spielerischen.

Mit der Vorstellung einer künstlerischen Ausnahmeexistenz ist die Absage an jede dilettantische Kunstpraxis verbunden, in der die Kunst zu einem bürgerlichen Beruf oder zu einem Feierabendvergnügen wird (vgl. 33, 39). In der Figur des kriminellen Bankiers (34) und des verseschreibenden Leutnants (40) wird der dichtende Bürger, der die Sphären von Kunst und bürgerlichem Leben zu vermischen versucht, in leitmotivischer Wiederholung ironisiert. In den theoretischen Reflexionen des 4. Kapitels entfaltet sich künstlerische Produktivität nur *gegen* die bürgerliche Gesellschaft. Orientiert an Nietzsches Problematisierung der gesellschaftlichen Rolle des Künstlers werden Gegenmodelle zu einer bürgerlichen Identität aufgenommen. Neben der dem Ästhetizismus vertrauten Vorstellung einer aristokratischen Sonderstellung des Künstlers stehen seine Bestimmung als Abenteurer, seine Nähe zum Verbrecher und Schauspieler (vgl. Kap. 1.2). Der »Fluch«, mit dem der Dichter in der pathetischen Diktion des Textes beladen ist, die Vorstellung vom »kranken Adel der Literatur« (39) tradiert Baudelaires Bild des ›poète maudit‹. Die soziale Desintegration von Kunst und Künstler wird zur existentiellen Krisenerfahrung umgedeutet.

Im Gegensatz zur ästhetizistischen Ausgrenzung des Publikums wird jedoch mehrmals die Frage nach dem Publikum gestellt, die mit versteckten Hinweisen auf die *Buddenbrooks*-Rezeption und das erste öffentliche Auftreten des Autors verbunden ist (vgl. 32, 39). Dabei zeigt sich eine starke Ambivalenz; der verspotteten Naivität des Lesers, dem die Einsicht in die un- oder antibürgerlichen Entstehungsbedingungen von Kunst abgeht, steht das Bewußtsein von der stimulierenden Wirkung von »Bewunderung« gegenüber (32). Ein Hinweis auf ungefestigte künstlerische Identität, aber auch ein ironisches Signal ist die Wiederaufnahme der Metapher vom ›Affen‹ (32), mit der im 2. Kapitel der Tanzmeister Knaak charakterisiert worden war und die jetzt das Selbstgefühl der Künstlerfigur bezeichnet. Das Bewußtsein, vor dem Publikum eine Rolle zu spielen, die außerhalb des Ensembles bürgerlicher Rollenmuster steht und nur von einer kleinen Außenseitergruppe verstanden wird (vgl. 39), zeigt die Ambivalenz zwischen bürgerlicher Über-Ich-Prägung durch die »ehrenfesten Vorfahren droben in der engen Stadt« (34) und künstlerischen Superioritätsphantasien.

Die im Frühwerk immer wieder gestellte Grundfrage nach dem Künstler wird hier wohl am eindringlichsten und mit starker emotionaler Besetzung formuliert: »Aber *was* ist der Künstler? Vor keiner Frage hat die Bequemlichkeit und Erkenntnisträgheit der Menschheit sich zäher erwiesen als vor dieser.« (34) Die künstlerische Identitätsproblematik wird zu einem Problem der »Menschheit« und der »Welt« hochstilisiert: »Kein Problem, keines in der Welt, ist quälender als das vom Künstlertum und seiner menschlichen Wirkung.« (35) Im folgenden versucht Tonio Kröger, die zuvor so bedeutungsschwer formulierte Thematik philosophisch zu legitimieren. Der Gegensatz zwischen Schopenhauers Vorstellung einer erlösenden Rolle von Kunst und Nietzsches Problematisierung von Kunst wird dabei dialogisch gestaltet. Wenn Lisaweta die Frage formuliert, ob nicht der

»Literat als vollkommener Mensch, als Heiliger« (36) gesehen werden könne, so verkürzt sich in dieser Figurenrede Schopenhauers »Erlösungsästhetik zur Programmformel« (Jendreiek 1977, S. 182). In seiner Antwort projiziert Tonio Kröger diese Hochstilisierung von Künstler und Kunst auf die »anbetungswürdige russische Literatur, die so recht eigentlich die heilige Literatur darstellt« (36). Kontrastiv dazu wird jedoch die zeit- und kulturhistorisch avanciertere Position Nietzsches gesetzt; für Nietzsche ist Erkenntnis *das* ›Übel der Zeit‹. Wenn Tonio Kröger formuliert: »Alle Erkenntnis ist alt und langweilig« (37), so ist dies ein Reflex auf Nietzsches Diagnose von der überalterten, dekadenten europäischen Kultur. Für diese Einsicht wird hier der Begriff »Erkenntnisekel« geprägt (36), eine der suggestiven und viel gedeuteten Formulierungen des Textes (vgl. Kap. 4.4). Die »psychologische Hellsicht« insbesondere des Künstlers (36) wird noch nicht wie in der um die Jahrhundertwende hervortretenden Freudschen Psychoanalyse wissenschaftlich bewältigt, sondern führt zur Abwehr von Erkenntnis überhaupt: »Alles verstehen hieße alles verzeihen? Ich weiß doch nicht. Es gibt etwas, was ich Erkenntnisekel nenne, Lisaweta: der Zustand, in dem es dem Menschen genügt, eine Sache zu durchschauen, um sich bereits zum Sterben angewidert [...] zu fühlen« (36). Was hier mit dem distanzierenden Stilmittel der Figurenrede ausgedrückt wird, wird nahezu 10 Jahre später im 2. Kapitel des *Tod in Venedig*, das Gustav Aschenbach als repräsentativen Schriftsteller porträtiert, mit der Autorität des auktorialen Erzählerkommentars nochmals nahezu identisch formuliert; neben der Vorstellung vom Abstumpfen durch den »scharfen und bitteren Reiz der Erkenntnis« steht die »Absage an die Laxheit des Mitleidssatzes, daß alles verstehen alles verzeihen heiße« (vgl. dazu Häfele/Stammel 1992, S. 46).

In der Abwehr von Erkenntnis zeigt sich der Einfluß der Lebensphilosophie der Jahrhundertwende, die sich mit ihrem Lebenspathos und stark antirationalistischem Affekt der Erfahrung kultureller Dekadenz entgegenstellte. Der Lebenskult fand seinen Ausdruck in einem Enthusiasmus für die Renaissance als Zeit des großen Individuums, das man beispielhaft in der historischen Gestalt des Cesare Borgia verkörpert sah. 1902 erschien Heinrich Manns Roman-Trilogie *Die Göttinnen*, deren Verbindung von Ästhetizismus, Lebensenthusiasmus und forciertem Individualismus die Kritik des Bruders herausforderte: »Diese Opposition äußert sich im Text am greifbarsten in der Absage an den vulgärnietzscheschen Vitalismus jener Roman-Trilogie, die das ›Leben‹ als eine ›Vision von blutiger Größe und wilder Schönheit‹ feierte.« (Vaget 1984, S. 115) Die Gegenposition, die Tonio Kröger in der pathetischen Diktion eines Bekenntnisses der Liebe zum Leben formuliert, geht aus von einer Absage an jede »trunkene Philosophie« (38); gemeint ist Nietzsches antidemokratischer, gewaltsamer Aristokratismus, sein Konstrukt des Übermenschen, der in seiner dämonischen Kraft die Grenzen des zivilisierten bürgerlichen Individuums sprengt (vgl. Kap. 4.2). Thomas Mann schreibt in die Erzählung *Tonio Kröger* seine spezifische Anverwandlung und Umformung der Ideen Nietzsches und des Kunst-Leben-Gegensatzes ein. Über Nietzsche hinaus wird die Kunst der Dekadenz, »das Raffinierte, Exzentrische und Satanische« zurückgewiesen, dem kontrapunktisch die Begriffe des »Harmlosen, Einfachen und Lebendigen« (38) entgegengestellt werden. Eine solche Verbürgerlichung der Ideen Nietzsches und der Dekadenz kulminiert in der Formel von den »Wonnen der Gewöhnlichkeit« (38), die gekoppelt ist mit dem leitmotivischen Sehnsuchtstopos. Eine Harmonisierung des Künstler-Bürger-Gegensatzes wird zwar eingeleitet, aber noch nicht bewältigt. Dies zeigt sich an der Disparität der Begriffe »Wonnen« und »Gewöhnlichkeit«, die im allgemeinen Sprachgebrauch weniger Bürgerlichkeit als bornierte Kleinbürgerlichkeit benennen.

In wirkungsvollem Kontrast zum monologischen Redefluß Tonio Krögers steht der Schluß mit dem knappen Urteil Lisawetas: »Sie sind ein Bürger auf Irrwegen, Tonio Kröger, – ein verirrter Bürger.« Die Reaktion Tonio Krögers ist » – Stillschweigen«, dann – als letzter Satz des Kapitels in graphischer Hervorhebung – sein Ausruf: »*Ich bin erledigt.*« (41) Das Urteil Lisawetas und die Reaktion Tonios sind *das* Rätsel der Erzählung, das die Forschung zu immer neuen Deutungsversuchen herausgefordert hat, das sich jedoch einer eindeutigen Interpretation verweigert, wie Jendreieks Deutungsvariante zeigt:

»Der Satz ist doppelsinnig; er meint im Zusammenhang der von Tonio während des Gesprächs vorgetragenen erkenntnistheoretischen Reflexionen so viel wie: ich bin erkannt, durchschaut, begriffen, als Leben vom Geist bewältigt. In diesem Sinne würde der Satz nichts anderes als Tonios Eingeständnis wiedergeben, daß Lisaweta ihn richtig erkannt hat. Zum anderen meint der Satz, im Zusammenhang mit der Gebärde der Betroffenheit, soviel wie: ich bin vernichtet, es ist aus mit mir. In diesem Verständnis ist er Ausdruck für Tonios Angst, er könnte wirklich das sein, wonach er sich in seinen Reflexionen sehnt: ein Bürger, kein Künstler. In dieser Auslegung ist der Satz: ›Ich bin erledigt‹, ein Bekenntnis zu seinem Künstlertum und Ausdruck für seinen Willen zur Kunst.« (Jendreiek 1977, S. 185)

Tonios resignativer Schlußsatz wird vorbereitet durch seine ironische Philippika gegen die »Erledigung des Gefühls durch die literarische Sprache« (37), in der das Verb ›erledigen‹ viermal wiederholt wird (vgl. ebd.). Das Bewußtsein einer Sprachkrise, die Problematisierung der Ausdrucksfähigkeit von Sprache war ein Kennzeichen der Literatur der Jahrhundertwende. *Tonio Kröger* nimmt diese Diskussion auf, zeigt jedoch deutliche Tendenzen zur Abwehr der Moderne. Die Ausschaltung des Gefühls, die zuvor zur absoluten Kunstmaxime erklärt worden war, wird jetzt als »Kaltstellen und Aufs-Eis-Legen der Empfindung« (37) mit sarkastischem Spott und Selbstverspottung der Künstlerfigur kommentiert. Tonio Kröger ›erledigt‹ sich selbst als ästhetizistischer Künstler, indem er Positionen der Lebensphilosophie aufnimmt: »Ich liebe das Leben – dies ist ein Geständnis.« (38) Lisaweta bringt die widersprüchlichen Ausführungen Tonio Krögers, sein Schwanken zwischen Ästhetizismus und Lebenspathos, künstlerischem und bürgerlichem Selbstverständnis auf die Formel vom »Bürger auf Irrwegen« (41).

Das Urteil Lisawetas ist auch ein Selbsturteil des Autors. Die Skrupelhaftigkeit der Positionsbestimmung als Künstler resultiert aus der bürgerlichen Herkunft und der Verpflichtung auf genuin bürgerliche Werte wie Selbstdisziplin, Leistung und Arbeit. Der Künstler-Bürger-Antagonismus kann nur da schmerzlich erfahren werden, wo bürgerliche Kategorien auf die Produktion von Kunst angewendet werden. Genau diese Einsicht formuliert in der Erzählung das ›vernünftige

Frauenzimmer‹ Lisaweta Iwanowna, wenn sie Tonio Kröger einen verirrten Bürger nennt. Die Schlußsätze des Kapitels: »Ich danke Ihnen, Lisaweta Iwanowna; nun kann ich getrost nach Hause gehn. *Ich bin erledigt.*« (41) erweisen sich als ironische Schlußpointe, die das Sprachpathos des Kapitels in gekonnter Weise ausbalancieren.

5. Kapitel

Die Jahreszeit des 4. Kapitels war der Frühling, die des 5. ist der Herbst; die dazwischenliegende Zeit kann in der Logik der Erzählung, die den Entwicklungs- und Reifeprozeß eines Künstlers nachzeichnet, als Phase der Besinnung, des Nachdenkens über das Urteil Lisawetas gedeutet werden. Die dialogische Struktur des 4. Kapitels wird wieder aufgenommen; im Gespräch mit Lisaweta erklärt Tonio Kröger seine Absicht zu reisen und begründet, warum er nach Norden fährt. Die Absage an südliche »bellezza« (41) wird in stark subjektiver Diktion mit der rüden Abwehr romanischen Lebens und romanischer Menschen verbunden. In der verschlüsselten Form der Figurenrede ist sie nochmals eine Abwehr des von Heinrich Mann literarisch inszenierten Renaissance-Ästhetizismus. In seiner Rede zur Verleihung des Nobelpreises 1929 äußert sich Thomas Mann zum Nord-Süd-Gegensatz des *Tonio Kröger*: »Der Süden, das ist in dieser Geschichte der Inbegriff alles geistig-sinnlichen Abenteuers, der kalten Leidenschaft des Künstlertums; der Norden dagegen der Inbegriff aller Herzlichkeit und bürgerlichen Heimat, alles tief ruhenden Gefühls, aller innigen Menschlichkeit.« (GW XI, S. 410) In Entsprechung zu diesem Antagonismus und als Ausdruck einer verinnerlichten bürgerlichen Skepsis gegenüber Kunst und Künstler sind in den frühen Erzählungen häufig lebensfeindliche oder gesellschaftszerstörerische Persönlichkeitsanteile der Figuren südlich geprägt. Tonio Kröger bezieht »bellezza«, eine Variante des südlich konnotierten Zigeunermotivs, auf die Gegensätzlichkeit seiner Eltern, wobei er das mütterliche Erbe deutlich abwertet: »Ich muß wohl diese nördliche Neigung von meinem Vater haben, denn meine Mutter war doch eigentlich mehr für die bellezza, sofern ihr nämlich nicht alles ganz einerlei war.« (42) Das Wort ›Vaterstadt‹ will er nicht aussprechen: »ich berühre meine – meinen Ausgangspunkt« (42). Mit »Ausgangspunkt« ist das Ziel der Reise dennoch genau benannt: die Suche nach dem väterlichen Erbe. Die Erwähnung des Dänenprinzen Hamlet (42), dem der Geist seines Vaters erscheint, ist damit eine ironische Pointe.

Die Reise Tonio Krögers nach Norden ist ein weiteres autobiographisches Element; Thomas Mann reiste 1899 über Lübeck nach Dänemark. In der fiktiven Künstlerbiographie wird die Reise, die den gleichen Stationen folgt, allerdings erst dreizehn Jahre nach Verlassen der Heimatstadt unternommen. Dies ist eine deutliche Heine-Reminiszenz; Heines Deutschlandreise nach 13 Jahren Exil in Paris ist literarisch gestaltet im Versepos *Deutschland. Ein Wintermärchen* (1844) (vgl. Wetzel 1981, S. 163 f.; dazu bereits Hansen 1975, S. 102 f.).

6. Kapitel

Nach den dialogischen Kapiteln 4 und 5 wird mit dem Satz »Und Tonio Kröger fuhr gen Norden« (43) der epische Erzählton wieder aufgenommen, wobei die auktoriale Erzählsituation immer wieder in personales Erzählen übergeht. Die Schilderung von Tonio Krögers Zwischenaufenthalt in seiner Heimatstadt ist mit autobiographischen Elementen von Thomas Manns eigener Reise von 1899 sowie Topoi der Erinnerung an seine Lübecker Kindheit und Jugend durchsetzt, die in *Buddenbrooks* und den frühen Erzählungen als stereotype Figuren, Orte und Bilder leitmotivisch wiederkehren. Wie im gesamten Frühwerk wird Lübeck nicht namentlich genannt, sondern durch eine Reihe von Anspielungen umschrieben und zugleich durch wenige topographische Fakten genau bestimmt. Diese sprachlichen Unbestimmtheitssignale zeigen den prekären Charakter der Suche nach den Wurzeln der eigenen Existenz, die für Tonio Kröger auch eine Überprüfung des Urteils vom »Bürger auf Irrwegen« ist. Die Reise als Metapher für Identitätssuche ist ein altes literarisches Motiv, das hier allerdings nicht als Abschied vom Vertrauten, sondern als Weg zurück zum »Ausgangspunkt« (42) gestaltet wird, nachdem die erste Ausreise des Helden in die Irre geführt hatte. Immer wieder ist von Schlaf und Müdigkeit, von Traumzuständen, »Traumgespinste[n]« (44), »seltsam sehnsüchtigen Träumen« (45) die Rede; Tonio Kröger erfährt den Aufenthalt in der Vaterstadt als regressive Traumerfahrung, die sich mit dem Sehnsuchtsmotiv verbindet. Thomas Mann hatte dieses psychologisch stimmige Gestaltungsmuster bereits in der Erzählung *Der Kleiderschrank* (1899) erprobt, in der die Zwischenstation des Protagonisten van der Qualen im auch hier verschlüsselt dargestellten Lübeck ebenfalls Traumcharakter hat. Mit dieser Rückkehr zu den Wurzeln der bürgerlichen Herkunft, die als ›Traumarbeit‹ im Sinne Freuds gestaltet ist, wird die Integration des Bürgerlichen in die Kunst vorbereitet.

Der traumhaften Wirklichkeitserfahrung entsprechend »gleiten die Naturdinge zwischen ihren Grenzen« (Pütz 1975, S. 74; vgl. o. die Ausführungen zum 1. Kapitel). Die Darstellung der herbstlichen Jahreszeit ist von nebelhaften Unbestimmtheiten und Übergängen geprägt: »Ein trüber Nachmittag ging schon in den Abend über« (43); »Des Himmels schon ein wenig blasses Spätsommer-Blau war von dünnen, vom Wind zerzupften Wolkenfetzchen durchzogen; aber die Sonne schien über seiner Vaterstadt.« (45) Die Wiederaufnahme des Sonnenmotivs aus dem Lisaweta-Kapitel leitet am Morgen nach der Ankunft den Prozeß der Identitätssuche ein. Die bereits zweimal gestellte Frage: »Wohin ging er?« (46) wird ein drittes Mal gestellt und beantwortet: »Wohin ging er? Heimwärts.« (46) Hier wird auf die berühmten dialogischen Sätze aus dem zweiten, unvollendeten Teil des *Heinrich von Ofterdingen* von Novalis angespielt: »›Wo gehn wir denn hin?‹ ›Immer nach Hause.‹« Der Weg nach Hause hat auch für Tonio Kröger symbolischen Verweisungscharakter.

Ausdrücklich wird die bürgerliche Lebensführung der Künstlerfigur hervorgehoben. Tonio Kröger reist mit »Komfort« und »Behagen« (43); vor dem Betreten des Elternhauses »wandte [er] noch mehr Sorgfalt auf seine Toilette als gewöhnlich« (45). Diese Herstellung eines bürgerlichen Habitus wird in auktorialer Erzählhaltung mit der Bezeichnung »Sohn des Hauses« noch bekräftigt (48); dennoch wahrt er sein Inkognito, d. h. seine Außenseiterposition. In zwei Episoden, die szenischen Charakter haben, wird dies deutlich. Die erste Szene ist der Besuch des Vaterhauses; auch er folgt der Logik einer Traumerfahrung. Tonio Kröger geht durch die unverschlossene Tür, wobei ihm »zumute war wie in gewissen leichten Träumen, in denen die Hindernisse von selbst vor einem weichen und man, von wunderbarem Glück begünstigt, ungehindert vorwärts dringt« (47). Der Besuch wird als emotionales Abenteuer erfahren, zweimal wird das »ängstliche« Klopfen des Herzens erwähnt (45, 47), was als Intensivierung des Leitmotivs »sein Herz lebte« (vgl. Kapitel 1, 2, 7, 8) gedeutet werden kann. Traumsymbolischen Charakter hat auch der Blick in den ›wüsten‹ Garten (49), in der Literatur der Jahrhundertwende ein häufiges »Symbol für das zerstörte, verlorene ›Paradies der Kindheit‹« (Bellmann 1986, S. 33). In der für das Frühwerk typischen Vermischung autobiographischer Erinnerung und Wiederaufnahme des bereits literarisch Gestalteten wird mit wenigen Details, die den Charakter von Zitaten aus *Buddenbrooks* haben, das Vaterhaus beschrieben. Was jedoch in *Buddenbrooks* Erzählgegenwart ist, wird hier zur melancholischen Erinnerung an unwiederbringlich verlorene Vergangenheit. Thomas Mann schreibt zum Wirklichkeitscharakter der Erzählung: »Man sollte denken, daß in jener Jugendnovelle Szenen wie die in der Volksbibliothek oder die mit dem Polizisten zweckhaft, um der Idee, des Witzes willen erdacht seien. Sie sind es nicht, sind einfach der Wirklichkeit abgenommen.« (GW XI, S. 124) Doch darf eine solche Aussage nicht den Blick dafür verstellen, wie stark selbst solche Elemente der erlebten ›Wirklichkeit‹ des Autors fiktional verfremdet und literarisch inszeniert sind.

Die ›Entfremdung‹ des Vaterhauses durch den Einzug einer Volksbibliothek wird für Tonio Kröger zum deutlichsten Ausdruck einer generellen Fremdheitserfahrung. Die schwierige Verbindung von Bürgerlichkeit und Literatur ist das zentrale Thema der Erzählung; in einer Volksbibliothek scheint sie zu einer Alltagswirklichkeit geworden zu sein, die für Tonio Kröger nur eines ironischen Kommentars bedarf, der Ausdruck seines elitären Kunstverständnisses ist: »Volksbibliothek? dachte Tonio Kröger, denn er fand, daß hier weder das Volk noch die Literatur etwas zu suchen hatten.« (48) Er greift ein Buch heraus und liest eine Stelle mit einer gelungenen »Pointe und Wirkung« (49). Dieses literarische Urteil wird am Ende des Kapitels auf sein eigenes Manuskript bezogen (53); die gleiche Formulierung war im 4. Kapitel vom Caféhausliteraten gebraucht und von Lisaweta bereits ironisch zitiert worden (vgl. 30). Sie taucht also insgesamt viermal auf und ist ein Beispiel für die leitmotivische Strukturierung des Textes. Zugleich wird hier auf Nietzsches Wagner-Kritik in *Der Fall Wagner* (1888) angespielt. Für Nietzsche ist Wagner Prototyp des modernen Künstlers, der durch bewußten Einsatz künstlerischer Mittel die Wirkung seiner Kunst berechnet, sein Publikum mit nervösen ästhetischen Reizen verführt. Die Wiederaufnahme der Formulierung von der »Pointe und Wirkung« ist ein Mittel der indirekten Charakterisierung, das sich als verstecktes Formprinzip nur dem bewußten Leser erschließt:

Die gleiche Wirkungsabsicht, die Tonio Kröger als dilettantische Kunstpraxis des Caféhausliteraten ironisiert hatte, kennzeichnet auf dem höheren Niveau des ästhetizistischen Kunstverständnisses auch seine eigene Literatur als ›Kunst für Kenner‹.

Die zweite Episode ist die Verdächtigung Tonio Krögers als durchreisender Betrüger. Sie hat komischen Charakter durch die karikaturistisch gezeichneten Nebenfiguren des Hotelbesitzers Seehaase, der als »klein, fett und krummbeinig« bezeichnet wird (51), und des Polizisten, dessen dialektgefärbte Sprechweise ironisiert wird. Der ernste Aspekt der Szene ist die Problematisierung der gesellschaftlichen Rolle des Künstlers, der am Ende als Fremder und Abenteurer erscheint. Er wird verdächtigt, »von unbekannten Eltern und unbestimmter Zuständigkeit« zu sein (52); er hat keine Ausweispapiere, ist also im bürgerlichen Sinne ohne Identität. In einem inneren Monolog, in dem das Zigeuner-Motiv der »bürgerlichen Ordnung« entgegengesetzt wird (52), heißt Tonio Kröger die Skepsis der Bürger gegenüber dem unbehausten Fremden gut und zeigt dadurch seine bürgerliche Über-Ich-Prägung. Er verzichtet jedoch darauf, sich als Sohn Konsul Krögers zu legitimieren. In dieser Ambivalenz von Annahme und Abwehr des bürgerlichen Erbes bei gleichzeitiger Problematisierung der eigenen Rolle bildet die Erzählung ein für viele Autoren der Jahrhundertwende typisches Verhalten ab.

Die Legitimation Tonio Krögers gegenüber den Autoritäten der Stadt und damit letztlich gegenüber dem Vater wird schließlich auf andere und für das Verständnis der Erzählung aufschlußreiche Weise erreicht. In einer höchst ironischen Form wird die Annäherung des Künstlers an ein bürgerliches Publikum, wie sie am Schluß der Erzählung als Programm formuliert wird, in einer witzigen Figurenkonstellation vorweggenommen. Der Polizist und der Hoteldirektor lesen gemeinsam in Tonio Krögers Manuskript; er »blickte ihnen dabei über die Schultern und beobachtete, bei welcher Stelle sie seien« (53). Im Gegensatz zum Polizisten ist für den weltläufigeren Hoteldirektor der Ausweis als Schriftsteller offenbar überzeugend: »Vom Hoteldirektor, und das ist für den Bürgerbegriff, den Mann in Zukunft entwickeln wird, gar nicht belanglos, erhält Kröger eine Art Weltbürgerlegitimation.« (Geiser 1971, S. 41) Die entscheidende Aussage des Kapitels ist jedoch, daß sich die bürgerliche Identität der Künstlerfigur über Literatur und literarischen Ruhm legitimiert: »Da steht mein Name. Ich habe dies geschrieben, und nun wird es veröffentlicht« (53). Der Sohn des Hauses Kröger hat sich einen eigenen Namen gemacht durch die Produktion und Publikation von Literatur. Der Verweischarakter auf die Biographie des Autors ist evident.

7. Kapitel

Das Kapitel schildert Tonio Krögers Meer-Fahrt nach Dänemark, seinen kurzen Aufenthalt in Kopenhagen und die Weiterreise in das Seebad Aalsgaard. Im Kontext des Lebenskultes der Jahrhundertwende hatte das Meer eine neue symbolische Qualität gewonnen: »Das wichtigste, in unzähligen Abwandlungen begegnende Symbol dieses Lebens ist das Meer.« (Rasch 1981, S. 31) Dabei wird häufig eine Naturerfahrung gestaltet, »die man erotische Mystik nennen könnte« (Žmegač 1981, S. XXXII). Für Thomas Mann ist das Meer seit seiner Kindheit und den Ferienaufenthalten der Familie Mann an der Ostsee als Gegenwelt zur Ordnung des bürgerlichen Alltags ein Ort unentfremdeter Selbsterfahrung. In seinem Werk ist das Meer immer antibürgerliche Metapher und wird zu einem exklusiven Erfahrungsraum des künstlerischen Bewußtseins. Seine generelle Neigung »zur Ich-Entgrenzung« (Dierks 1990, S. 289) und die Adaption Schopenhauerscher Ideen von Entindividualisierung und Aufgehen in der Totalität des Seins finden ihren künstlerischen Ausdruck häufig in poetischen Meeresschilderungen: »In seinem Vortrag ›Lübeck als geistige Lebensform‹ (1926) hat Thomas Mann das Meer als Symbol der Musik wie der Epik interpretiert. Es entgrenzt die individuelle Erscheinung zur universalen Allgemeinheit, die für Thomas Mann das strukturale Gesetz der Musik wie seiner musikalisch-psychologisch konzipierten Epik ist.« (Jendreiek 1977, S. 191) Meer und Musik werden zum Erfahrungshintergrund menschlicher Totalität, in der sich die existentiellen Gegensätze und auch der Gegensatz Kunst – Leben aufheben. In der Figur Hanno Buddenbrook ist eine solche Totalitätserfahrung, die zugleich Trostfunktion gegenüber den Ansprüchen der bürgerlichen Realität hat, literarisch gestaltet. Die Meereserfahrung von Tonio Kröger ist demgegenüber rational gebändigt und zum schöpferischen Impuls sublimiert.

Stilprinzip der Meeresszenen des Kapitels ist der Kontrast, der als Begegnung und Dialog zwischen Tonio Kröger und einem jungen Hamburger Kaufmann realisiert wird. Den sprachlichen Ungeschicklichkeiten des Kaufmanns, der seine emotionale Naturerfahrung mit den Formeln eines trivialisierten romantisch-christlichen Weltbildes zum Ausdruck bringt, wird zweierlei entgegengestellt: die explizite Kritik und Verspottung als innerer Monolog Tonio Krögers und Meeresschilderungen in auktorialer Erzählhaltung, die in ihrer sprachlichen Ausdruckskraft die Überlegenheit künstlerischer Wirklichkeitswahrnehmung über die bürgerliche eindrucksvoll demonstrieren. In dieser Kontrastierung von Meerespoesie und Philisterkritik sowie in der Ästhetisierung des bedrohlichen Meeres zeigt sich ein zumindest vorbewußter Einfluß der beiden Nordsee-Zyklen (1825/26) in Heinrich Heines *Buch der Lieder*. Konkretisieren lassen sich solche Analogien in der Ironisierung des jungen Kaufmann, der angesichts des Sternenhimmels zu Gedanken über die Bedeutungslosigkeit der eigenen Existenz angeregt wird – »Ja, wir sind Gewürm!« (55) –, und in der Negation einer Sinngebung des menschlichen Lebens aus dem romantischen Einheitsgefühl mit der Natur, wie sie Heine immer wieder vornimmt. So destruiert die letzte Strophe des Gedichtes *Fragen* aus dem II. Nordsee-Zyklus den poetischen Topos von der Betrachtung des Sternenhimmels: »Es murmeln die Wogen ihr ewges Gemurmel, / Es wehet der Wind, es fliehen die Wolken, / Es blinken die Sterne gleichgültig und kalt, / Und ein Narr wartet auf Antwort.« In *Tonio Kröger* wird die Kritik an naiver Poetisierung von Natur als Gedanke Tonios zusammengefaßt: »Au ... nein, der hat keine Literatur im Leibe!« (55)

Im Kontext solcher Zurückweisung dilettantischer Kunstpraxis steht eine deutliche Anspielung auf Paul Bourget (vgl. 55): »Dessen brillante, einst begierig rezipierte Essays zur Psychologie des modernen Dilettantismus gelten jetzt nur noch als ›ein recht feines Geschwätz‹« (Vaget 1984, S. 114). Das im 4. Kapitel formulierte ästhetische Prinzip der Emotionslosigkeit als Produktionsbedingung von Kunst wird nochmals bekräftigt. Dies geschieht einmal durch Ironisierung des empfindsamen Kaufmanns: »Sicherlich schreibt er Verse, [...] tief ehrlich empfundene Kaufmannsverse...« (56). Solche literarischen Ergüsse werden durch andere ›Ergüsse‹ karikiert, die der junge Mann nach dem Genuß von Hummer-Omeletten bei stürmischer See von sich gibt (57). Subtiler ist die Ironisierung auch der Hauptfigur. Angesichts des wilden Meeres versucht Tonio Kröger, ein Gedicht zu schreiben, kommt aber über zwei banale Verszeilen nicht hinaus: »Es ward nicht fertig, nicht rund geformt und nicht in Gelassenheit zu etwas Ganzem geschmiedet. Sein Herz lebte...« (57). Die leitmotivische Formulierung »sein Herz lebte« signalisiert die emotionale Beteiligung, die nach den bisher formulierten ästhetischen Prinzipien als Quelle künstlerischer Inspiration untauglich ist. Nur in der auktorialen Erzählsituation gelingt die poetische Meeresschilderung, und zwar im anderen Medium eines epischen Textes: »Daß es ihm nicht gelingt, das Erlebnis des Meeres in ein Gedicht zu bannen, mag ein hintergründiger kunsttheoretischer Hinweis auf Thomas Manns Entscheidung für die Epik gegen die Lyrik sein: die Form der künstlerischen Erfahrung des Lebens in seiner universalen Ganzheitlichkeit ist der Roman, nicht das Gedicht.« (Jendreiek 1977, S. 192)

Am Ende des Kapitels deutet sich in der Wiederaufnahme des Sehnsuchtsmotivs in Verbindung mit dem Leitmotiv der blauen Augen und blonden Haare (vgl. 58) eine neue Entwicklungsstufe Tonio Krögers an: Elemente des bürgerlichen Lebens werden in der Imagination der Künstlerfigur ästhetisiert. Damit bereitet sich die Synthese des Schlusses vor: Das Bürgertum wird zum Thema der Kunst.

8. Kapitel

Der Kontrast zwischen Bürgersatire und poetischer Meeresschilderung wird nochmals aufgenommen. Mehrere bürgerliche Nebenfiguren werden durch ihre Eß- und Trinkgewohnheiten charakterisiert (vgl. 59 f.), die als naiver Ausdruck elementarer Lebenskraft komisch wirken. In der karikaturistischen Überzeichnung solcher Figuren – ein Gestaltungsmuster, das Thomas Mann bereits in *Buddenbrooks* erprobt hatte – wird die Ironisierung des bürgerlichen Rollenverhaltens auf die Spitze getrieben. Die dazu in Kontrast stehende ästhetische Hochstilisierung der Meereserfahrung nimmt die Stilhaltung des *Tod in Venedig* vorweg: »Die Wellen beugten die Köpfe wie Stiere, die die Hörner zum Stoße einlegen, und rannten wütend gegen den Strand« (60). In der mythisch überhöhten Diktion des *Tod in Venedig* heißt es entsprechend: »Stärkerer Wind erhob sich, und die Rosse Poseidons liefen, sich bäumend, daher, Stiere auch wohl, dem Bläulichgelockten gehörig, welche mit Brüllen anrennend die Hörner senkten.« (GW VIII, S. 496)

Detering weist auf eine Reihe analoger Meeres- und Naturschilderungen in *Tonio Kröger* und im *Tod in Venedig* hin, die in ihrer erotischen, für Detering eindeutig homoerotischen Metaphorik das Auftreten der männlichen Sehnsuchtsbilder Hans und Tadzio vorbereiten (Detering 1992, S. 18-22). Inwiefern *Tonio Kröger* in die Reihe der »homoerotischen Prätexte« zum *Tod in Venedig* gehört (ebd., S. 22), muß die weitere Forschungsdiskussion erweisen.

Angesichts der Meereslandschaft erfährt Tonio Kröger eine Schopenhauersche Ich-Vergessenheit: »Er genoß ein tiefes Vergessen, ein erlöstes Schweben über Raum und Zeit« (61). Die Erfahrung von Geborgenheit wird in stimmigen Naturbildern realisiert: »Tonio Kröger stand in Wind und Brausen eingehüllt«, das Meer »rief, lockte und grüßte«, »bald nahm Buchenwald ihn auf« (60). Diese passive und träumerische Wirklichkeitsaufnahme, im bürgerlichen Verständnis Faulheit, bereitet die künstlerische Inspiration vor. Tonio Krögers Erfahrung von Raum- und Zeitlosigkeit kann auch als Zwischenzustand zwischen alter und neuer Identität interpretiert werden. Der Einbruch des Neuen wird hier wirkungsvoll mit der Wiederaufnahme des Sonnenmotivs, der Beobachtung eines Sonnenaufgangs, eingeleitet: Er glaubte, »in ein Wunder, einen feenhaften Beleuchtungszauber hineinzublicken« (61). Die Märchenmetaphorik gibt den Erlebnissen des Tages eine symbolische Bedeutung. Das Stilprinzip der Kontrastierung setzt sich auch im folgenden fort. Neben eine erotisch getönte Naturschilderung: »durchquert und umgeben von rot und golden durchleuchteten Wolken erhob sich feierlich die Sonnenscheibe über das flimmernd gekrauste Meer, das unter ihr zu erschauern und zu erglühen schien ...« (61 f.) wird als harter Kontrast der Einzug der Feriengesellschaft gesetzt: »kleinbürgerlich gekleidete Herrschaften, [die] an runden Tischen saßen und unter angeregten Gesprächen Bier mit Butterbrot genossen« (62).

Die Tanzgesellschaft im Hotel variiert Figurenkonstellationen des 1. und 2. Kapitels, die ihren Charakter als Leitmotiv erst in der Imagination Tonio Krögers gewinnen, der Hans und Inge zu erblicken glaubt und damit die bürgerlichen Sehnsuchtsbilder seiner Jugend zu einem Paar zusammenfügt. Formal wird dieser Prozeß künstlerischer Verdichtung und Symbolisierung stimmig abgebildet durch unvermittelten Übergang von auktorialem zu personalem Erzählen: »Da geschah dies auf einmal: *Hans Hansen und Ingeborg Holm gingen durch den Saal.* –« (63) Auch im weiteren wird die Wahrnehmung von Hans und Inge als Vision Tonio Krögers gestaltet: »So gingen die beiden, mit dem still blauenden Meere als Hintergrund, vor Tonio Krögers Augen vorüber, durchmaßen den Saal seiner Länge nach und verschwanden durch die entgegengesetzte Tür im Klavierzimmer.« (63) Die Zusammenfügung erinnerter homoerotischer und heterosexueller Pubertätsempfindungen zu einem Bild kann als Ausdruck der erotischen Ambivalenz Thomas Manns gedeutet werden; er hat schon früh »die Idee des Zwiegeschlechtlichen in seinem Werk auftreten lassen (Hans Hansen – Ingeborg Holm, das Balkon-Paar im *Krull*)« (Dierks 1990, S. 297); ein weiteres Beispiel ist das Zwillingspaar in *Wälsungenblut*.

Gegenüber dem großbürgerlichen Milieu des 1. und 2. Kapitels erfolgt eine deutliche soziale Herabstufung: die leitmotivisch wiederkehrenden Figuren und Ereignisse werden jetzt im Kleinbürgermilieu gespiegelt. So ist das Abbild des vornehmen Tanzmeisters François Knaak »ein Provinzlöwe mit Augenglas und gebranntem Haupthaar, Postadjunkt oder dergleichen und wie die fleischgewordene komische Figur aus einem dänischen Roman« (66). Man kann diese Milieuverschiebung sowie die Verlagerung des Geschehens an einen Ort außerhalb der Heimatstadt als Ausweitung des sozialen und regionalen Spektrums von Bürgerlichkeit verstehen. Die Begegnung des Künstlers mit dem Bürgertum ist auf eine andere Ebene gehoben: Es findet kein persönlicher Kontakt wie im 1. und 2. Kapitel mehr statt, sondern bürgerliches Leben und bürgerliche Menschen werden zum ästhetischen Anschauungsobjekt und in der Imagination des Künstlers als repräsentative Typen neu erschaffen. Die Beobachterrolle des Künstlers wird überzeugend ins Bild gebracht: Aus dem Dunkeln heraus sieht Tonio Kröger der Tanzgesellschaft zu (vgl. 65). Wie Felix Krull im späteren Roman in ironischer Persiflierung des Künstlers und seiner gesellschaftlichen Außenseiterrolle die reichen Bürger tatsächlich bestiehlt, so stiehlt Tonio Kröger hier mit den Augen: »der diebische Genuß, hier im Dunkeln stehen und ungesehen die belauschen zu dürfen, die im Lichte tanzten, verursachte ein Prickeln in seiner Haut« (65).

Mit der Wahrnehmung von Hans und Inge als Vertreter eines bestimmten Typus von Bürgerlichkeit und damit der Neuerschaffung der bürgerlichen Welt in der Imagination des Künstlers wäre die Erzählung eigentlich zu Ende. Es folgen jedoch Passagen, in denen die rasch wechselnden Emotionen der Künstlerfigur als Ausdruck einer immer noch ungefestigten Identität im ständigen Übergang von auktorialem zu personalem Erzählen abgebildet werden. Höhepunkt ist ein Sehnsuchtsappell mit direkter Anrede der Repräsentanten des bürgerlichen Lebens: »Hatte ich euch vergessen? fragte er. Nein, niemals! Nicht dich, Hans, noch dich, blonde Inge! Ihr wart es ja, für die ich arbeitete, und wenn ich Applaus vernahm, blickte ich heimlich um mich, ob ihr daran teilhättet...« (67) In seinem Sehnsuchtsziel geht Tonio Kröger bis zur Phantasie eines urbürgerlichen Lebens: »dich zum Weibe nehmen, Ingeborg Holm, und einen Sohn haben wie du, Hans Hansen« (67). Dies ist die weitestgehende gedankliche Annäherung der Künstlerfigur an bürgerliche Rollenmuster, die jedoch durch das Auftreten einer weiblichen Außenseiterfigur vom Typ Magdalena Vermehren beendet wird (vgl. 68). Ausdrücklich verzichtet der Künstler daraufhin auf ein bürgerliches Publikum, formuliert als resignative Einsicht: »Denn ihre Sprache war nicht seine Sprache.« (69)

Was hier im Hinblick auf Hans und Inge gesagt wird, ist – in chiastischer Verschränkung – eine leitmotivische Wiederholung der Einsicht, die Tonio Kröger im 2. Kapitel in bezug auf Inge formuliert hatte: »denn seine Sprache war nicht ihre Sprache« (23). Die Regelverletzung beim Tanz im 2. Kapitel wird erinnert und damit die Angst, verlacht zu werden, die sich beim Umschlag des Tanzes in einen orgiastischen Rausch und dem schmerzlichen Sturz der weiblichen Außenseiterfigur noch erhöht (vgl. 69 f.). Im Unterschied zum 2. Kapitel ist Tonio Kröger jetzt jedoch in der Rolle eines distanzierten Beobachters, der sogar helfend eingreifen kann. In einer eigentümlichen gedanklichen Wendung, deren Logik nicht unmittelbar einleuchtet, wird jedoch das Verlachen des Außenseiters gutgeheißen, indem der Künstler seine eigene Selbstverleugnung auf die Spitze treibt: »Und wenn ich, ich ganz allein, die neun Symphonien, ›Die Welt als Wille und Vorstellung‹ und ›Das Jüngste Gericht‹ vollbracht hätte, – du würdest ewig recht haben zu lachen...« (70). Als innerer Monolog Tonio Krögers wird hier die Verständnislosigkeit des bürgerlichen Publikums angesichts von Leistungen der europäischen Kunst und Philosopie als Ausdruck eines beneidenswerten Lebensgefühls ausdrücklich sanktioniert. Im Sinne Nietzsches und der Lebensphilosophie der Jahrhundertwende ordnet er naives, kraftvolles Leben einer ›kranken‹ Vergeistigung der europäischen Kultur, dem »schweren und gefährlichen Messertanz der Kunst« (70) über: »Denn sein Herz lebte. Was aber war gewesen während all der Zeit, in der er das geworden, was er nun war? – Erstarrung; Öde; Eis; und Geist! Und Kunst!...« (71)

Das Kapitel schließt mit einer nochmaligen scharfen Akzentuierung des Gegensatzes Kunst – Leben; den romantischen Begriffen von Liebe, Leid, Heimat und Heimweh wird die Vorstellung von zersetzender Ironie und kalter Geistigkeit entgegengesetzt (vgl. 71). Die folgende Absage an ästhetizistische, amoralische, dekadente Kunst, die auf die Thematik des 3. Kapitels verweist, ist in ihrem Sprachpathos, das bis zur Entgegensetzung von »Heiligkeit und Brunst« geht (71), weder stilistisch noch argumentativ überzeugend. Ebenso wie hier bleibt Thomas Manns Darstellung der Dekadenz häufig formelhaft (vgl. Kap. 4.5).

9. Kapitel

Das letzte Kapitel, Abschluß eines künstlerischen Entwicklungsprozesses, führt die Künstlerfigur heraus aus der Haltung der Depressivität und Selbstanklage. Die zuvor in paradoxer Zuspitzung formulierte Überordnung des Lebens über die Kunst wird gedanklich differenziert. Ebenso wie im 4. Kapitel, dessen Reflexionen über Kunst und Künstler hier programmatisch verdichtet werden, ist das persönliche Engagement des Autors so stark, daß die Einkleidung in Briefform wie eine oberflächliche Fiktionalisierung wirkt, bei der Lisaweta Iwanowna als imaginierte Adressatin die Funktion hat, den Stilcharakter des Kapitels als Bekenntnis der Künstlerfigur zu garantieren. Die auktoriale Erzählhaltung des ersten Satzes: »Tonio Kröger saß im Norden und schrieb an Lisaweta Iwanowna« (72) geht nach einem Überleitungssatz, der eine Vermischung von Briefzitat und auktorialem Kommentar ist – »Liebe Lisaweta dort unten in Arkadien, wohin ich bald zurückkehren werde, schrieb er« (70) –, in die Ich-Form des Briefes über. Der Charakter eines Briefes bleibt einerseits durch ständige Anrede der Adressatin und dialogische Formeln wie »Wissen Sie wohl noch« (72) bis zum Schluß gewahrt, wird andererseits jedoch durch Einschaltung des Erzählers in die Eingangs- und das Fehlen der in einem Brief üblichen Schlußformel verfremdet. Die zunehmende Emphase der programmatischen Selbstvergewisserung zeigt sich an einem stilistischen Detail. Die Anrede Lisawetas wird ausgedehnt auf ein größeres Publikum:

»ihr Anbeter der Schönheit aber, die ihr mich phlegmatisch und ohne Sehnsucht heißt« (73). Auch das »Versprechen« einer anderen Kunstpraxis (73) geht über die fiktive Adressatin hinaus und ist zudem nicht nur ein Bekenntnis der Künstlerfigur, sondern auch des Autors. Mit seinem Einsatz rhetorischer Mittel der Überzeugung kann das kurze Kapitel, als Brief auch Anrede an den Leser, als eine der suggestiven Selbstdeutungen Thomas Manns und als emphatisch vorgetragener Bewältigungsversuch der Künstler-Bürger-Thematik des Frühwerks gelesen werden. Die Spiegelung des Gegensatzes Künstler – Bürger im Vater-Mutter-Antagonismus und die Positionsbestimmung des Künstlers als »Bürger, der sich in die Kunst verirrte« (72), durch sein bürgerlich geprägtes Über-Ich aber den Normen seiner sozialen Herkunft verpflichtet bleibt, sind gedankliche Muster, mit denen Thomas Mann seine eigene Identitätskrise immer wieder beschrieben und in unterschiedlichen literarischen Gestaltungen bearbeitet hat. In der Fiktion der Künstlerbiographie ist das Kapitel Bekenntnis, Fazit des bisherigen Lebens und Programm einer neuen Kunstpraxis.

Die Opposition des Künstlers zum Bürger, radikalisiert im ästhetizistischen Kunstverständnis des Fin de siècle, wird hier nochmals auf den Punkt gebracht: »Die Bürger sind dumm« (73). Dieses Urteil tradiert das Verdikt von der »bêtise bourgeoise«, das Flaubert bereits Mitte des Jahrhunderts ausgesprochen hatte. Gerade diese Dummheit, sprachlich verdichtet zur provokanten Formel von den »Wonnen der Gewöhnlichkeit« (73; vgl. auch 38), wird jetzt jedoch positiv umgedeutet als Inspirationsquelle einer Kunst, die sich mit ihrer Haltung der »Bürgerliebe« (73) vom Bürgerhaß des radikalen Ästhetizismus und von der Opposition der Avantgarde-Kunst zum bürgerlichen Publikum absetzt. Die damit verbundene Anknüpfung an eine andere Tradition der deutschen Literatur, an die des poetischen Realismus, läßt sich an den Begriffen »Wärme«, »Güte« und »Humor« (73) deutlich ablesen. Die Überlegenheit einer solchen Kunstauffassung über den Ästhetizismus, dessen Vertreter als »Anbeter der Schönheit«, als »die Stolzen und Kalten« (73) kritisch apostrophiert werden, wird nachdrücklich betont. Jendreiek vollzieht in seiner Deutung das euphemistische Programm einer neuen Synthese von Kunst und Leben nach: »Die ästhetische Übertragung der Sehnsucht nach den ›Wonnen der Gewöhnlichkeit‹ führt zur Ausbildung einer Kunst, deren Gegenstand das Leben in seiner Allgemeinheit ist und deren Gestaltungstendenzen vom Interesse an der Totalität des Humanen geleitet werden.« (Jendreiek 1977, S. 195)

Demgegenüber ist festzuhalten, daß die kunstprogrammatischen Schlußsätze der Erzählung Übergangscharakter haben und von Widersprüchen und dem allgemeinen Eklektizismus der Literatur der Jahrhundertwende gekennzeichnet sind. So wird die ästhetizistische Mythisierung und Hochstilisierung von Kunst und Künstler einerseits nachvollzogen, andererseits auf den Gegensatz Literat – Dichter verschoben. Dabei zeigt die emphatische Höherbewertung des Dichters den Anschluß an ältere und um die Jahrhundertwende neubelebte Kunstauffassungen von einer versöhnenden Rolle der Kunst mit deutlich anti-modernem Affekt. Der programmatische Impuls der Schlußpassage zeigt sich in einer Häufung des Personalpronomens ›ich‹:

»Was ich getan habe, ist nichts, nicht viel, so gut wie nichts. Ich werde Besseres machen, Lisaweta, – dies ist ein Versprechen. Während ich schreibe, rauscht das Meer zu mir herauf, und ich schließe die Augen. Ich schaue in eine ungeborene und schemenhafte Welt hinein, die geordnet und gebildet sein will, ich sehe in ein Gewimmel von Schatten menschlicher Gestalten, die mir winken, daß ich sie banne und erlöse.« (73)

Mit der Formulierung eines solchen Anspruchs einer ordnenden und bildenden Funktion von Kunst wird eine Analogie zum Kunstideal der deutschen Klassik hergestellt, das zugleich vom Kunstpathos des Fin de siècle überlagert wird. Der Ausgangspunkt dieser Vision – »ich schließe die Augen« – erweist die Produktion von Kunst als erkenntnispsychologischen Prozeß. Die Gestaltung von Realität wird gekoppelt an einen Vorgang der Selbsterkenntnis.

Der letzte Satz der Erzählung ist bis auf den Tempuswechsel vom Präteritum zum Präsens eine wörtliche Wiederholung des letzten Satzes von Kapitel 1. Statt auktorialem Erzählerkommentar ist der Satz jedoch nun Figurenrede Tonio Krögers über seine Liebe zum Bürger: »Sehnsucht ist darin und schwermütiger Neid und ein klein wenig Verachtung und eine ganze keusche Seligkeit.« (73) Bellmann sieht dies als Zeichen dafür, »daß der gereifte Künstler nun den Bewußtseinsstand des Erzählers erreicht hat« (Bellmann 1986, S. 43). Sehnsucht und Verachtung als Gegenpole der Beziehung des Künstlers zur bürgerlichen Welt werden in diesem Schlußsatz, dessen Emphase durch die leitmotivische Wiederholung verstärkt wird, aufgehoben im umfassenden Gefühl von »Seligkeit«. Dieses romantisierende Sprachpathos ist als Abbildung pubertärer Gefühlshaltung im 1. Kapitel, nicht aber als Ausdruck eines ›gereiften‹ künstlerischen Bewußtseins (s. o.) glaubwürdig. Solche Formulierungen rechtfertigen das Urteil von der »Gefühlsschwere« der Erzählung (Vaget 1984, S. 116) und zeigen den emotionalen und als ästhetisches Programm unausgereiften Charakter der herbeigeführten Synthese. Die sprachliche Emphase, in der die Liebe zu »den Blonden und Blauäugigen, den hellen Lebendigen, den Glücklichen, Liebenswürdigen und Gewöhnlichen« (73) ihren Ausdruck findet, verstellt den Blick dafür, daß das naive Leben seine Bedeutung ausschließlich als Bezugspunkt künstlerischen Selbstverständnisses und Gestaltungswillens erhält. Wenn Tonio Kröger seine Bürgerliebe »gut und fruchtbar« (73) nennt, so heißt dies nicht, daß er seine künstlerische Sonderstellung »zwischen zwei Welten« (73) aufgeben, sondern daß er das bürgerliche Leben zum ästhetischen Objekt seiner Kunst machen will. Der in der Forschung immer wieder als ›Synthese‹ bezeichnete Schluß der Erzählung liefert für eine solche Kunstpraxis jedoch bestenfalls programmatische Ansätze. Im Pathos seiner durch die Anspielung auf den 1. Korintherbrief (»fast will mir scheinen, als sei sie jene Liebe selbst [...]«, 73) sogar religiös überhöhten Bürgerliebe (dazu Kap. 4.1) fällt Tonio Kröger hinter das im 4. Kapitel formulierte ästhetische Grundprinzip der Distanz zurück, das im 7. Kapitel durch Karikierung dilettantisch-bürgerlichen Kunstverständnisses bekräftigt worden war. Erst aus der Spannung zwischen Bürgerlichkeit und Distanz als unverzichtbarem Anspruch des modernen künstlerischen Bewußtseins wird im weiteren Werk Thomas Manns die hier nur imaginierte Synthese hervorgehen: Kunst als sublimierte Bürgerlichkeit.

4 Gedanken und Probleme

4.1 Gegensatz Kunst – Leben

Die Verschiebung des Künstler-Bürger-Gegensatzes auf eine existentielle Kunst-Leben-Antinomie erreicht bereits in der deutschen Romantik einen ersten Höhepunkt. Ludwig Tieck formuliert in *Franz Sternbalds Wanderungen* (1798) exemplarisch ein künstlerisches Selbstverständnis, das für das gesamte 19. Jahrhundert Gültigkeit behalten sollte: »Wer sich der Kunst ergibt, muß das, was er als Mensch ist und sein könnte, aufopfern.« Pendant zu einer solchen Opferrolle des Künstlers ist die romantische Sehnsucht nach Aufhebung der Gegensätze und Wiederherstellung einer ganzheitlichen Lebens- und Welterfahrung in der Kunst. Die idealistische Überhöhung von Kunst und die Annahme einer menschlichen Sonderrolle des Künstlers als Antwort auf frühmoderne Erfahrungen von Zerrissenheit verdichten sich gegen Mitte des Jahrhunderts zur artifiziellen Ästhetik des l'art pour l'art bis hin zum Ästhetizismus, der dann wiederum mit dem Lebenspathos des Fin de siècle vielfältige Verbindungen eingeht: »So sehnt sich Tonio Kröger [...] sentimental nach seiner Sehnsucht nach dem Menschlichen und nach Liebe, hierin will er die Garantie für den Sinn seiner literarischen Tätigkeit erkennen. Aber auch so entrinnt er nicht dem Fluch, der auf der Kunst zu lasten begonnen hat.« (Wuthenow 1978, S. 33)

Diese Ausdrucksform künstlerischer Identitätsproblematik ist ein spezifisches Problem des Künstlers in der bürgerlichen Gesellschaft des 19. Jahrhunderts. Dies wird in der Thomas-Mann-Forschung mitunter zu undifferenziert gesehen; die suggestive literarische Gestaltung einer Unvereinbarkeit von Kunst und Leben im Frühwerk und besonders in *Tonio Kröger* verschleiert die Einsicht, daß diese Antinomie als Sublimierung einer sozialen Rollenproblematik zu begreifen ist. Der abstrakte Gegensatz Kunst – Leben wird in *Tonio Kröger* durch eine Reihe von Kontrastmotiven ins Bild gesetzt und zum Gegensatz Künstler – Bürger personalisiert, der in seiner Plastizität eine der Begründungen für die Rezeption dieses Textes als *die* Künstlererzählung Thomas Manns ist:

- Dem einsamen Künstler steht die soziale Gruppe der Bürger in wechselnden Konfigurationen gegenüber;
- Kontrast zur passiven Beobachter- und Außenseiterrolle des Künstlers ist die bürgerliche Aktivität;
- der Künstler ist dunkel, mit den typischen physischen Dekadenzsignalen des Frühwerks; die bürgerlichen Figuren sind blond und blauäugig;
- der Künstler ist anfällig und leidensfähig, die Bürger stark und gesund;
- einer Haltung der Reflexion und Erkenntnisfähigkeit entspricht auf der anderen Seite Naivität.

Das daraus resultierende Überlegenheitsgefühl des Künstlers schlägt jedoch um in »Erkenntnisekel«. Das Sehnsuchtsideal von *Tonio Kröger* ist die Versöhnung mit dem ›Leben‹, das sich in diesem Text eindeutig als bürgerliches Leben erweist.

Die Norm menschlichen Verhaltens, zu dem der Künstler in einen wie auch immer gearteten Gegensatz gerät, orientiert sich an den Verhaltensstandards der bürgerlichen Gesellschaft, in der die Rolle von Kunst und Künstler prekär geworden ist. Im Text ist dieser Anspruch präsent als väterlich-bürgerliche Über-Ich-Fixierung Tonio Krögers, der »Identität« seines Bürger- und Lebensbegriffs (vgl. Jendreiek 1977, S. 186). Mit dem Programm der Liebe als Versöhnung des Kunst-Leben-Gegensatzes greift Thomas Mann auf ein »pseudochristliches Modell« zurück (Frizen 1990, S. 314). Der Anspielung auf den 1. Korinther-Brief im 9. Kapitel von *Tonio Kröger* (vgl. 73) entspricht das abschließende Christus-Zitat »›Kindlein, liebet einander...‹« in der etwa zeitgleich entstandenen Studie *Die Hungernden*, das ebenfalls mit einem Sehnsuchtsmotiv gekoppelt ist. Mit der Aufhebung des Kunst-Leben-Gegensatzes im Modell christlicher Liebe als Übersteigerung der Schopenhauerschen Mitleidsethik verbleibt Thomas Mann in diesen Texten im Bannkreis wenn auch nicht christlichen, so doch bürgerlichen Weltverständnisses.

Literarisiert und ironisch gebrochen wird Tonio Krögers Paraphrase des 1. Korintherbriefes durch ihren möglichen Anspielungscharakter (vgl. Bellmann 1986, S. 43). Die gleiche Stelle aus dem Korintherbrief zitiert Goethe in einem Gespräch mit Eckermann vom 25. 12. 1825, in dem er August von Platen als Autor mit einer Neigung zum Negativen charakterisiert, dem die Liebe fehle: »Er liebt so wenig seine Leser und seine Mit-Poeten als sich selber« (Goethe: Gespräche mit Eckermann. Münchner Ausg. 1986, S. 153). Diese fehlende Liebe schmälert nach Goethes Auffassung die Wirkung von Literatur (ebd.). Die mögliche Parallelisierung der »Stolzen und Kalten« (73) mit Platen als einem Vorläufer ästhetizistischer Kunstpraxis macht einen solchen Anspielungscharakter noch wahrscheinlicher.

Im Unterschied zum Gefühlspathos von *Tonio Kröger* gestaltet Thomas Mann zur gleichen Zeit mit *Tristan* »eine messerscharfe, von Ironien blitzende Künstler-Diagnose, in der die Kunst-Leben-Antinomien mit höchster Präzision ausbalanciert sind.« (Vaget 1990, S. 558) Kritische Akzente setzt auch Haug, wenn er von »Tonio Krögers verquältem Sendungsbewußtsein« spricht (Haug 1969, S. 5). Er sieht die Erzählung als Dokument einer »Flucht in ein *falsches* Bewußtsein«; sie stelle »den Versuch dar, das individuelle Dilemma auf eine allgemeine Antinomik zurückzuführen: die Schwierigkeiten dieses bestimmten Künstlers auf die generelle Unverträglichkeit von Leben und Kunst.« (ebd.) In Differenzierung dieser Deutung mit starker biographischer Akzentuierung läßt sich der Kunst-Leben-Gegensatz als literarischer Topos beschreiben, der – mit vielfältigen intertextuellen Bezügen – von Thomas Mann als Identitätsproblem des Künstlers nicht formuliert, sondern zitiert wird. Das Bemühen, die als lebensfeindlich erfahrene ästhetizistische Kunst wieder mit dem bürgerlichen Leben, und das heißt nicht zuletzt auch mit dem bürgerlichen Publikum zu versöhnen, zeigt sich in *Tonio Kröger* an einem gewissen Eklektizismus, der Aufnahme und dem spielerischen Erproben verschiedener zeitgenössischer Funktionsbestimmungen von Kunst. So hat die Apostrophierung der russischen Literatur als »die heilige« (36) den Charakter eines topischen Gegenentwurfs zur Dekadenz:

»Seine entscheidende Einsicht, daß Kunst und Leben integriert werden müssen, teilt Tonio Kröger nicht zufällig der *Russin* Lisaweta Iwanowna mit. Mit der einen großen Ausnahme Dostojewski ist das russische Wesen für Thomas Mann, wie für viele seiner Zeitgenossen, eine Chiffre vorzivilisatorischer Ungebrochenheit: einer von aller westlichen Dekadenz noch unberührten Welt. Das ›heilige Rußland‹ wird zum Mythos des Naiven in der Décadence-Zeit, wie es der Goethe-Zeit die Griechen waren.« (Schmidt 1985 b, S. 244)

Das entscheidende Denkmuster, vor dem sich der Gegensatz Kunst – Leben in *Tonio Kröger* entfaltet, ist die von Nietzsche übernommene Entgegensetzung des dionysischen und des apollinischen Künstlers, eine gedankliche Weiterführung und Variation der bereits von Schiller entfalteten Gegenüberstellung von naiver und sentimentalischer Dichtung. Dies vermischt sich mit Schopenhauers Kunstlehre von der ästhetischen Distanz zum Leben, der Lebensfeindlichkeit des Ästhetizismus und der Lebensapologie der Jahrhundertwende bei Thomas Mann zu einer spezifischen Kunstauffassung, in der das Gegensatzpaar Kunst – Leben neu akzentuiert und schließlich der Versuch einer Versöhnung unternommen wird:

»Die eigene Lebenswirklichkeit wird durch Denken, Erkennen und ästhetisches Gestalten der anderen existentiellen Möglichkeit ironisch ergänzt und totalisiert. Indem sich der Geist sentimentalisch dem zuwendet, was er selber nicht ist, gelangt er zu seiner Ganzheitlichkeit: als der universalen Ganzheitlichkeit von Geist und Leben durch die Kunst.« (Jendreiek 1977, S. 189 f.)

Damit wird der Kunst, in engem Nachvollzug der programmatischen Ästhetik von *Tonio Kröger*, die Potenz existentieller Sinnstiftung zuerkannt; dies ist eine Position, die Thomas Mann zwar durchaus aufrechterhalten, jedoch auch immer wieder problematisiert hat. Die Vermittlung zwischen Leben und Kunst, in *Tonio Kröger* als romantisches Sehnsuchtsziel mit dem Pathos jugendlicher Identitätssuche formuliert, wird im späteren Werk vielfach variiert und umgedeutet – nicht zuletzt als Teil der Auseinandersetzung mit der anderen Kunst- und Gesellschaftsauffassung des Bruders – und zu einer Haltung der Ironie sublimiert. Da die ironische Vermittlung zwischen den Gegensätzen »zugleich Aufgabe der Kunst ist, sind Ironie und Kunst für Thomas Mann letztlich identische Größen« (Koopmann 1990, S. 846).

In der Akzentuierung des Kunst-Leben-Gegensatzes zeigt der Text eine deutliche Ambivalenz: Bürgerliches Leben ist nicht nur Sehnsuchtsobjekt, sondern auch Gegenstand ironischer bis spöttischer Distanzierung des überlegenen künstlerischen Bewußtseins. Jedoch wäre es falsch, diese Haltung der Distanz als konkrete Gesellschaftskritik zu verstehen: »Die Zeit- und Gesellschaftskritik des frühen Thomas Mann ist immer Kritik des Lebens überhaupt, nicht einzelner Mißstände. [...] Weil diese Kritik so umfassend ist, verträgt sie sich ohne weiteres mit einer konservativen Grundhaltung.« (Kurzke 1990 b, S. 697) Das Schwanken zwischen ästhetizistischer Kunstreligion und Ansteckung durch die Lebensphilosophie der Jahrhundertwende führt zu gedanklich und ästhetisch ambivalenten Lösungsmodellen:

»Schopenhauers systematische, statische Metaphysik, seine Begründung eines ersatzreligiösen Ästhetizismus und seine Darstellung des Willens zum Leben als eines letzten, irrationalen Weltgrunds begünstigte die artistisch-konservative Seite Thomas Manns, den antipolitischen, anti-sozialistischen Lebenskult, wie er häufig in der Literatur der Zeit gefunden werden kann, bei Stefan George, Rainer Maria Rilke, Hermann Hesse und nicht zuletzt in den Faschismen.« (Lehnert 1990, S. 144)

Der Gegensatz Künstler – Bürger, verschleiert und idealistisch überhöht zum Gegensatz Kunst – Leben, ist ein entscheidender Aspekt des modernen künstlerischen Bewußtseins. Vielfältige ökonomische, industrielle und ineins damit gesellschaftliche Modernisierungs- und Beschleunigungsprozesse führen im 19. Jahrhundert zur Erfahrung von metaphysischem Sinnverlust. Kunst und künstlerische Tätigkeit müssen sich demgegenüber in ganz anderer Weise als zuvor legitimieren. Eine generelle Verwissenschaftlichung des Denkens erfordert auch neue ästhetische Gestaltungsprinzipien; die Organisation des Kunstmarktes nach den Gesetzen ökonomischer Rationalität drängt den kritischen Künstler an den Rand der bürgerlichen Gesellschaft. Die daraus resultierende Ambivalenz zwischen Opposition, Rückzugsbewegungen aus dem ›Leben‹ und verschiedenartigsten Kompromißmodellen verschärft sich um die Jahrhundertwende zur künstlerischen Identitätskrise. Angesichts dieses Dilemmas wählt Thomas Mann nach einer Phase der Identitätssuche, für die *Tonio Kröger* ein aufschlußreiches Dokument ist, die bürgerlich-repräsentative Lebensform. Das Bewußtsein, eine Rolle zu spielen, ein bürgerlich verdächtiges Doppelleben zu führen, bleibt dabei immer virulent und wird im *Tod in Venedig* literarisch am eindrucksvollsten gestaltet.

4.2 ›Dreigestirn‹ Schopenhauer – Wagner – Nietzsche

Schopenhauer, Wagner und Nietzsche bilden in der ästhetischen Erziehung Thomas Manns ein »Dreigestirn ewig verbundener Geister« (GW XII, S. 72), die intellektuelle und ästhetische Basis seiner künstlerischen Produktivität. Schopenhauer und Nietzsche stellen die größte intellektuelle Herausforderung des jungen Thomas Mann dar, die Musik Richard Wagners bot ihm den höchsten ästhetischen Reiz. Jedoch vermischen sich beide Rezeptionshaltungen in eigentümlicher Weise: Die philosophische Lektüre Schopenhauers erfolgt nicht im Zeichen wissenschaftlicher Rationalität, sondern wird als existentielle Erfahrung geschildert; die Rauschhaftigkeit des Musikerlebnisses wird zum ästhetischen Formprinzip der Leitmotivtechnik rationalisiert. Beide Erfahrungsweisen, die philosophische und die musikalische, vermischen sich zu einer spezifischen ästhetischen Grundstruktur, die dem Frühwerk Thomas Manns seinen unverwechselbaren Charakter gibt. In *Tonio Kröger* zeigt sich der Einfluß mehr auf der diskursiven Ebene; er wird weniger deutlich literarisch inszeniert als etwa in *Tristan* und *Wälsungenblut*. Wenn Positionen der Schopenhauerschen Kunstreligion als Figurenrede der russischen Malerin Lisaweta Iwanowna formuliert werden, so geschieht dies im Rahmen eines ästhetischen Diskurses, der die Fiktion der Erzählung nahezu sprengt.

Neuere Forschungen haben das Bild und Selbstbild Thomas Manns als poeta doctus relativiert; diese Überschätzung seiner Gelehrsamkeit hat er selbst durch »Kulturgetue« genährt (Reed 1990, S. 105). Doch ist Eklektizismus ein legitimes künstlerisches Verfahren; Thomas Mann bedient sich aus dem literarischen und philosophischen Fundus als Künstler, nicht als Wissenschaftler: »Sein Verhältnis zu den Quellen ist – und darf sein – eher das einer diebischen Elster als das eines Professors für Geistesgeschichte.« (ebd., S. 102) Im Unterschied zu Thomas Manns generellem »Unverhältnis zur Philosophie« (Kristiansen 1990, S. 259) kannte er jedoch das Werk Schopenhauers und Nietzsches aus eigener intensiver Lektüre: »In der Begegnung mit ihren Gedankensystemen fand er – und das erklärt das Ausmaß und die Tiefe ihrer Bedeutung und Wirkung – eine begriffliche Sprache und Orientierung, die das eigene Welt*erlebnis* durchsichtig machten, es ausformulieren halfen und somit in ganz entscheidendem Maß dazu beitrugen, Erlebnisweise in eine grundlegende und bleibende Denkform umzuwandeln.« (ebd., S. 260)

Aus der jahrzehntelangen Beschäftigung mit diesen philosophischen und ästhetischen Leitbildern entstanden neben einer Reihe von kleineren theoretischen Äußerungen drei bedeutende Essays: *Leiden und Größe Richard Wagners* (1933), *Schopenhauer* (1938) und *Nietzsche's Philosophie im Lichte unserer Erfahrung* (1947).

Die Rezeption Nietzsches, 1894 wahrscheinlich über Heinrich Mann vermittelt, war das »wichtigste Bildungserlebnis« (Lehnert 1990, S. 143) des wenig erfolgreichen Schülers und Autodidakten Thomas Mann. Die »ethische Selbstüberwindung« Nietzsches (Kristiansen 1990, S. 261) wird ihm zum Vorbild künstlerischer Selbstdisziplin. Als philosophische Beglaubigung einer generationstypischen Erfahrung von Entfremdung gestaltet sich die Auseinandersetzung mit Nietzsches Werk zu einem lebenslangen Aneignungsprozeß. Thomas Mann nimmt v.a. den frühen Nietzsche auf, »den Kritiker des Künstlers, den Kritiker der bürgerlichen Ordnung, weniger den Lehrer und Verkündiger des neuen starken Lebens und des Übermenschen, der bei seinen schreibenden Zeitgenossen, von den Bohemiens, von Stefan George bis hin zu den Expressionisten eine viel stärkere Wirkung hatte« (Lehnert 1990, S. 143 f.). Ausgehend von Nietzsches Dekadenzbegriff werden im Mannschen Frühwerk »die Existenzformen der Künstlerfiguren und der lebensunfähigen décadents als Selbstbetrug und Lüge bloßgestellt« (Kristiansen 1990, S. 261). Nietzsches Entlarvungspsychologie, seine bis zum Nihilismus gehende Gesellschafts-, Religions- und Moralkritik liefert ein Verstehensmuster für Motive gesellschaftlichen Rollenverhaltens und psychischer Konditionierungen. Wichtig für die Umsetzung in ästhetische Praxis wird v.a. die Schrift *Geburt der Tragödie* (1872) und das darin entwickelte Begriffspaar apollinisch/dionysisch, das künstlerische Ich-Autonomie, Rationalität und formale Begrenzung einer rauschhaften, ich-entgrenzenden Selbst- und Welterfahrung als Basis schöpferischer Produktivität entgegensetzt:

»Mit den Konzepten des ›Apollinischen‹ und des ›Dionysischen‹ und ihrer notwendigen Versöhnung hat sich Thomas Mann bei Nietzsche ein psychologisches Verstehens- und

Beschreibungs-Modell angeeignet, das in seiner Bi-Polarität der eigenen psychischen Konstitution entsprach und das überdies – so hatte Nietzsche das ja auch angelegt – die wesentlichen Erkenntnisse und Erlebnisse, die man bei Schopenhauer (und bei Wagner) haben konnte, in sich aufnahm.« (Dierks 1990, S. 289).

Prägend wird Nietzsche für den Lebenskult und die Lebensphilosophie der Jahrhundertwende: »Nietzsche setzt das ›Leben‹ als absoluten Wert. In seinem Erstlingswerk [Geburt der Tragödie] verklärt er es zum Göttlich-Dionysischen. Später, in einer spezielleren Auslegung, interpretiert er das Leben als ›Willen zur Macht‹.« (Schmidt 1985 b, S. 139) Nietzsches ontologischer Lebensbegriff nimmt Gestalt an im Konstrukt des Übermenschen, das die Entfremdungserfahrungen des Zivilisationsprozesses und der modernen Massengesellschaft in einem Prozeß kontinuierlicher Selbstübersteigung, dem Versuch, »den verlorenen Gott nun im Menschen selbst neu zu erschaffen«, kompensieren soll (ebd., S. 140). Gegen die teilweise emphatische zeitgenössische Aufnahme dieses Lebens- und Übermenschenkultes hat sich Thomas Mann mehrfach geäußert, indem er ihr seine eigene, skeptisch-distanzierte Nietzsche-Rezeption entgegenstellt:

»Auf jeden Fall war es eine komplizierte Art, die sich zur Mode- und Gassenwirkung des Philosophen, allem simplen ›Renaissancismus‹, Übermenschenkult, Cesare Borgia-Ästhetizismus, aller Blut- und Schönheitsgroßmäuligkeit, wie sie damals bei groß und klein im Schwange war, durchaus verachtungsvoll verhielt. Der Zwanzigjährige verstand sich auf die Relativität des ›Immoralismus‹ dieses großen Moralisten« (GW XI, S. 109).

Hier liegt auch der entscheidende Unterschied zur Nietzsche-Rezeption des Bruders, der ebenso wie viele zeitgenössische Künstler Nietzsches antidemokratischen Aristokratismus zum Ausgangspunkt intellektueller Machtphantasien nimmt. Von einer solchen Nietzsche-Rezeption setzen sich die Kunstreflexionen von Kapitel 4 des *Tonio Kröger* deutlich ab. Das in Nietzsches *Götzen-Dämmerung* (1888) entworfene provozierende Phantasma der ›blonden Bestie‹, des vom Christentum noch nicht ›gezähmten‹ germanischen Barbaren, nimmt in den Figuren der Blonden und Blauäugigen Gestalt an und wird damit auf die Ebene bürgerlicher Alltagserscheinung und -realität zurückgeführt; dionysische Ekstase wird zum Rausch eines Tanzvergnügens verbürgerlicht. Thomas Mann ist sich dieses literarischen Transformationsprozesses bewußt:

»Es ist wahr, die ›Blonde Bestie‹ spukt auch in meiner Jugenddichtung, aber sie ist ihres bestialischen Charakters so ziemlich entkleidet, und übriggeblieben ist nichts als die Blondheit zusammen mit der Geistlosigkeit, – Gegenstand jener erotischen Ironie und konservativen Bejahung, durch die der Geist, wie er genau wußte, sich im Grunde so wenig vergab. Mochte doch die persönliche Verwandlung, die Nietzsche in mir erfuhr, Verbürgerlichung bedeuten. Diese Verbürgerlichung schien mir und scheint mir noch heute tiefer und verschlagener als aller heroisch-ästhetische Rausch, den Nietzsche sonst wohl literarisch entfachte.« (GW XI, S. 110)

Die Rauschhaftigkeit ästhetischen Empfindens erschließt sich dem jungen Thomas Mann im Werk Richard Wagners, das ihm die »Spannung zwischen artistischem Modernismus und Nostalgie für vorkapitalistische Traumwelten« (Lehnert

1990, S. 142) verkörpert. Sowohl das Hören als auch die Ausübung der Musik Wagners ist für eine Reihe von Protagonisten des Frühwerks zugleich mit Faszination, höchster Steigerung der ästhetischen Empfindungsfähigkeit und gefährlicher, ja lebensbedrohender Verführung konnotiert. Die Wagnersche Verbindung von Eros und Tod wird wirkungsvoll literarisch inszeniert im 8. Kapitel von *Tristan*; die Verführungskraft seiner Musik gipfelt im Inzest des dekadenten Zwillingspaares in *Wälsungenblut*. Thomas Manns Bewertung der Kunst Wagners spiegelt Nietzsches ambivalentes Wagner-Verhältnis von kultischer Verehrung bis zur späten Verspottung Wagners als »Bauchredner Gottes« (vgl. Schmidt 1985 b, S. 154), als Inbegriff des dekadenten Künstlers und Arrangeurs artifizieller Effekte. Aus Nietzsches Kritik (*Der Fall Wagner*), Wagners Kunstwerke seien auf Wirkung kalkulierte »Artefakte«, macht jedoch Thomas Mann »eine Rezeptur«: »Eine Kritik der Décadence liest er als Anleitung zur Verfertigung dekadenter Kunstwerke.« (Kurzke 1985, S. 113) Auch Vaget betont den produktiven Charakter dieser solchermaßen über Nietzsche vermittelten Wagner-Kritik: »Vor allem Nietzsches eher hämisch gemeinte Aufforderung, man möge die Wagnerschen Mythen nur ins Moderne und Bürgerliche übersetzen, um ihrer Falschheit gewahr zu werden, erwies sich als das wohl produktivste Moment seiner Nietzsche-Lektüre.« (Vaget 1990, S. 538)

Im 4. Kapitel von *Tonio Kröger* wird die Oper *Tristan und Isolde* in der Figurenrede Tonios als »morbides und tief zweideutiges Werk« bezeichnet (35), ist also ein Beispiel für ästhetizistische Kunstpraxis. Außer dieser kurzen Erwähnung ist in der Erzählung weder von Wagners Musik die Rede, noch spielt sie auf der Handlungsebene eine Rolle. Künstlerisch fruchtbar wird in diesem Text dagegen der Versuch, die musikalische Leitmotivtechnik Wagners in ein literarisches Gestaltungsprinzip umzusetzen (vgl. Kap. 3.1). Windisch-Laube faßt die Bedeutung der Musik Wagners für das Frühwerk zusammen: »1. Als Klanggeschehen versinnbildlicht sie bürgerlichen Verfall; die Topoi des dekadenten Wagnerismus (einer europäischen Erscheinung) sind hier in besonders vielfältigen Schattierungen und Wertungen literarisch durchgeführt. 2. Als Werkgestalt wird sie in singulärer Weise zum struktur- und stilbildenden ›Formmotiv‹.« (Windisch-Laube 1990, S. 331)

Die Bekanntschaft mit der Philosophie Schopenhauers in den Jahren 1895/96 ist von Thomas Mann immer wieder eindrucksvoll beschrieben worden. Er nennt die Lektüre ein »*seelisches* Erlebnis ersten Ranges und unvergeßlicher Art«, das unmittelbar in Literatur umgesetzt worden sei: »Es war eine glückliche Fügung, daß sich mir sogleich die Möglichkeit bot, mein überbürgerliches Erlebnis in das zu Ende gehende Bürgerbuch einzuflechten, wo es dienen mochte, Thomas Buddenbrook zum Tode zu bereiten.« (GW XI, S. 111) Der Text, dessen Lektüre als »metaphysischer Rausch« erfahren wird (ebd.), ist Schopenhauers Hauptwerk *Die Welt als Wille und Vorstellung* (1818), das im gesamten 19. Jahrhundert europaweit rezipiert wurde und dessen pessimistische Grundhaltung in der Dekadenz nochmals besondere Wirkung entfaltete. Schopenhauers Annahme einer besonderen Erkenntnisfähigkeit des Künstlers, einer generellen Vornehmheit des schöpferischen Menschen, die aus einer asketischen Abwendung vom Leben der bürgerlichen Masse resultieren, verbindet sich für den jungen Thomas Mann mit dem Selbstwertgefühl der patrizischen Herkunft, von deren bürgerlichen Ansprüchen er sich gleichzeitig zu befreien versucht: »Wenn Schopenhauer den Weltsinn auf einen blinden Willen reduzierte, der das Leiden bewirke, dann war damit das bürgerliche Erfolgsstreben mitgetroffen, aus dem die Brüder Mann geflohen waren; wenn er die Kunst als Mittel der Erlösung begriff, so war die Verweigerung des Daseinskampfes gerechtfertigt.« (Lehnert 1992, S. 198)

Als philosophische Legitimation der künstlerischen Lebensform gestaltet sich die Schopenhauer-Lektüre zum Initiationserlebnis:

> »Das kleine, hochgelegene Vorstadtzimmer schwebt mir vor Augen, worin ich, es sind sechzehn Jahre, tagelang hingestreckt auf ein sonderbar geformtes Langfauteuil oder Kanapee, ›Die Welt als Wille und Vorstellung‹ las. Einsam-unregelmäßige, welt- und todsüchtige Jugend – wie sie den Zaubertrank dieser Metaphysik schlürfte, deren tiefstes Wesen Erotik ist und in der ich die geistige Quelle der Tristan-Musik erkannte! So liest man nur einmal. Das kommt nicht wieder.« (GW XII, S. 72)

Durch den Wechsel von den Personalpronomen ›mir‹ und ›ich‹ zu Formulierungen wie ›Jugend‹ und ›man‹ wird hier das individuelle, rauschhafte Erlebnis generalisiert zu einer über das Persönliche und Private hinausgehenden Erfahrung, der dauerhafte Gültigkeit zuerkannt wird. Gleichzeitig zeigt das Zitat die bereits erwähnte Vermischung intellektueller und ästhetischer Erfahrungsformen. Die Rezeption Schopenhauers und Wagners ist überlagert und verfremdet von den jeweiligen Rezeptionshaltungen Nietzsches:

> »Unter dem thematischen Aspekt des Verhältnisses von Kunst und Leben ist ›Tonio Kröger‹ Dokument für Thomas Manns engagiertes Ringen zwischen Schopenhauer und Nietzsche, das auf eine Auseinandersetzung innerhalb der Denkwelt Nietzsches nur unter der philosophiegeschichtlichen Bedingung reduziert werden kann, daß Schopenhauer von Nietzsche rezipiert worden und in ihm als eine Position enthalten ist.« (Jendreiek 1977, S. 181)

Der Schopenhauer-Nietzsche-Gegensatz nimmt im Frühwerk in verschiedenen, z. T. skurrilen Figurenkontrastierungen Gestalt an, so z. B. in *Tobias Mindernickel* und in *Der Weg zum Friedhof* (dazu Banuls 1986). In *Tonio Kröger* konkretisiert sich dieses Darstellungsprinzip im Antagonismus zwischen dem leidenden Außenseiter als Personifikation Schopenhauerscher Kunstmetaphysik und den lebensvollen Blonden und Blauäugigen. Im Gegensatz zu Nietzsches antidemokratischer Verachtung der »Herdentiere« (vgl. Schmidt 1985 b, S. 139) wird in *Tonio Kröger* gerade das banale bürgerliche Leben zum Sehnsuchtsobjekt des Künstlers und, in programmatischer Absicht, zum Gegenstand seiner Kunst. Damit entfernt sich der Text gleichermaßen von Schopenhauer und von Nietzsche. Für Schopenhauer ist die Verneinung des Willens zum Leben Bedingung schöpferischer Produktivität, in der Auffassung Nietzsches wird gerade aus der Abstraktion eines mythisierten, bewußt aus der bürgerlichen Realität losgelösten Lebensbegriffs schöpferische Kraft freigesetzt. Der Gegensatz zwischen Schopenhauers Lebensverneinung und Nietzsches Hochstilisierung eines gleichermaßen irrationalen Lebensbegriffs wird also auf einer mittleren bürgerlichen Gefühlsebene entradikalisiert und harmonisiert zu einer Haltung der »Bürgerliebe«, die den Verzicht des Künstlers auf jede heroische Sonderrolle bedeutet und der Kunst eine Vermittlungsfunktion zuweist. Dieses Lösungsmodell hat allerdings nur Übergangscharakter; es wird spätestens mit der Entbürgerlichung der Künstlerfigur Gustav Aschenbach im *Tod in Venedig* wieder radikal in Frage gestellt.

4.3 Varianten der Künstlerexistenz

Aus psychoanalytischer Sicht ist die obsessive literarische Gestaltung des Künstler-Bürger-Gegensatzes im Frühwerk der Versuch, die Zurückweisung durch den Vater zu bewältigen, die sich in der testamentarisch verfügten Auflösung der Firma manifestiert hatte (vgl. de Mendelssohn 1975, S. 126 und 131 ff.). Die Identitätsfindung als Künstler, die gegen das verinnerlichte bürgerliche Gewissen erreicht werden muß, findet ihren literarischen Ausdruck in verschiedenen Rollenbildern des Künstlers, so daß man geradezu von einer ›Experimentenreihe‹ des Frühwerks sprechen kann, die von verschiedenen Gestaltungen einer vorkünstlerischen oder zumindest unbürgerlichen Existenz bis zu den eigentlichen Künstlerfiguren reicht: »Ging es in den frühesten Werken um psychologische Begründungen des literarischen Schreibens überhaupt, so vollzieht sich in den folgenden Erzählungen – in *Tonio Kröger*, in *Schwere Stunde* und im *Tod in Venedig* – ein Wandel hin zu den ›professionellen‹ Problemen des Literaturschaffens.« (Orlik 1991, S. 27) Dabei dient immer wieder »das biographische Schema zur Entfaltung der Künstlerproblematik« (Vaget 1990, S. 549 f.). Dem *Bajazzo* als *dem* autobiographischen Schlüsseltext des Frühwerks, der eigene Ängste des Versagens gestaltet, und *Tonio Kröger* als dem ersten Versuch einer Versöhnung von Künstler- und Bürgertum kommen dabei besondere Bedeutung zu. Der Bajazzo nimmt eine soziale Zwischenstellung zwischen Bürger und Künstler ein; er lebt (wie sein Autor) vom väterlichen Vermögen, ist also ökonomisch unproduktiv und trotz künstlerischer Neigungen auch zu eigener künstlerischer Produktion unfähig. In dieser Figur wird der literarische Typus des Dilettanten gestaltet, den der französische Essayist und Schriftsteller Paul Bourget (1852-1935) im Kontext seiner konservativen Dekadenz-Kritik entworfen hatte: »Dieser Dilettantismus der Moderne war von Paul Bourget analysiert worden, nämlich als eine dandyhafte, kosmopolitische und ästhetisierende Lebensweise, die jede Bindung und Verantwortung scheut und weder moralischen noch politischen Halt kennt.« (Vaget 1990, S. 549)

Die Kenntnis Paul Bourgets war vermittelt über den Bruder Heinrich, der 1894 einen Essay *Bourget als Kosmopolit* geschrieben hatte, sowie über Hermann Bahr (1863-1934), den der junge Thomas Mann als literarisches Vorbild für eine neue »Nervenkunst« verehrte: »Das Neue und Anziehende der Wiener Moderne war die aus Frankreich (Bourget) importierte Ästhetik der minutiösen Empfindungsanalyse.« (Vaget 1990, S. 553) Bahr hatte »die Überwindung des Naturalismus ausgerufen und die Bourgetierung der deutschen Literatur gefordert« (ebd.). In einer Rezension von Bourgets Roman *Cosmopolis* (erschienen 1893, ins Deutsche übersetzt 1894) charakterisiert Thomas Mann 1896 Dilettanten als »fast immer letzte Ausläufer ihrer Rasse [...], die ererbte Kräfte, geistige und materielle, verzehren, ohne sie zu vermehren, entartete Spätlinge, deren Väter einst wahre Arbeit verrichteten und sie ihren Söhnen überlieferten, damit diese an derselben Stelle ihre eigene Leistung hinzufügten.« (zit. nach Schröter 1964, S. 42) Dies kann als Abwehr eigener Faszination durch einen amoralischen Ästhetizismus gelesen werden. In *Tonio Kröger* wird diese Gefährdung im 3. Kapitel nochmals thematisiert. Jedoch klingt die durchgängige Dilettantismus-Thematik des Frühwerks hier nur noch nach; die Möglichkeit einer solchen Lebensform wird endgültig und in summarischer Form verabschiedet.

Im Gegensatz zur unversöhnlichen Opposition zwischen Bürger und Künstler, wie sie in *Tristan* gestaltet ist, wird in *Tonio Kröger* zum ersten Mal im Frühwerk der Versuch unternommen, diese Gegensätze zu einem Ausgleich zu bringen. Vom Namen Tonio Kröger angefangen reflektiert die Erzählung eine Vielzahl von emotionalen und sozialen Zwischenpositionen des Künstlers. Der Schluß suggeriert, daß die künstlerische Produktivität Tonio Krögers gerade aus einer solchen Stellung zwischen einem sterilen Ästhetizismus und dem bürgerlichen Leben, den »Wonnen der Gewöhnlichkeit« resultiert. Für Pütz macht diese Mehrdeutigkeit der Existenz Tonio Kröger zum »umfassenden ›ästhetischen‹ Menschen« (Pütz 1975, S. 74). Im Gegensatz zu einer solchen Deutung, die den harmonisierenden Impetus der Erzählung nachvollzieht, sieht Haug in *Tristan* ein überzeugenderes Dokument künstlerischer Ambivalenz: »Gerade in ihrer Widersprüchlichkeit ist die Figur des Literaten Spinell ein aufrichtigeres, umfassenderes Spiegelbild ihres Schöpfers als der zum Träger eines erhabenen Berufs hinaufstilisierte Tonio Kröger.« (Haug 1969, S. 137) Das hier kritisierte Pathos künstlerischer Selbstinszenierung resultiert aus dem schmerzlichen Prozeß der Umdeutung des zunächst als ›Verirrung‹ erfahrenen künstlerischen Talents: der Schriftstellerberuf wird bestimmt als »verwandelte Bürgerlichkeit« (Reed 1990, S. 96). Dem Künstler wird die Aufgabe der Darstellung und literarischen Gestaltung des bürgerlichen Lebens zugewiesen; bürgerliches Leistungsethos wird zur Bedingung schöpferischer Produktivität. Damit kommt in *Tonio Kröger* die frühe Künstler-Bürger-Thematik in einem Grad hoher Konzentration und zum letzten Mal unter Verwendung der bekannten Stereotypen des *Buddenbrooks*-Milieus zu einem Höhepunkt. Im *Tod in Venedig* ist die bürgerliche Herkunft bereits verfremdet, die Künstlerthematik mythisch überhöht.

In wesentlichen Teilen während des langsam einsetzenden literarischen Erfolgs von *Buddenbrooks* geschrieben, markiert *Tonio Kröger* auch den Beginn der Identifikation Thomas Manns mit den klassischen Autoren, v.a. mit Goethe und Schiller. Diese Positionsbestimmung des Künstlers ist jedoch noch ungesichert; Thomas Mann vergewissert sich ihrer in der Schillerstudie *Schwere Stunde* von 1905. Im *Tod in Venedig* wird dann der ›Staatsschriftsteller‹ Aschenbach wiederum in antibürgerliche Anarchie und in den Untergang geführt. So ist *Tonio Kröger* eine

Vorausdeutung auf die gesellschaftliche Rolle des Künstlers, die Thomas Mann selbst erst mit seinen großen Romanen nach dem 1. Weltkrieg erreichen wird.

4.4 Erkenntnisekel

In seinem Aufsatz *Freud und die Zukunft* von April/Mai 1936 bringt Thomas Mann die bei Nietzsche gelernte Psychologie mit Freuds Psychoanalyse in Verbindung:

»Das Wort ›Erkenntnisekel‹ steht im ›Tonio Kröger‹. Es hat gut nietzsche'sches Gepräge, und seine Jünglingsschwermut deutet auf das Hamlethafte in Nietzsche's Natur, in der die eigene sich spiegelte, – einer Natur, zum Wissen berufen, ohne eigentlich dazu geboren zu sein. – Es sind jugendliche Schmerzen und Traurigkeiten, von denen ich da spreche, und die von den reifenden Jahren ins Heitere, Ruhigere überführt worden sind. Aber die Neigung, Wahrheit und Wissen psychologisch zu verstehen, sie mit Psychologie gleichzusetzen, psychologischen Wahrheitswillen als den Willen zur Wahrheit überhaupt und Psychologie als Wahrheit im eigentlichsten und tapfersten Sinn des Wortes zu empfinden – diese Neigung, die man wohl naturalistisch nennen und der Erziehung durch den literarischen Naturalismus zuschreiben muß, ist mir geblieben, und sie bildet eine Vorbedingung der Aufgeschlossenheit für die seelische Naturwissenschaft, die den Namen ›Psychoanalyse‹ trägt.« (GW IX, S. 481)

Im Unterschied zu Thomas Manns eigenem Versuch, die Problematisierung von Erkenntnisfähigkeit in größere philosophie- und literaturgeschichtliche Zusammenhänge einzuordnen, führt Haug den Begriff ›Erkenntnisekel‹ auf die Unmöglichkeit zurück, »die Wirklichkeit einem Ideal – dem Ideal wirklichkeitsreinen Traums – zu unterwerfen« (Haug 1969, S. 62). Er bezieht auch diesen Begriff in sein autobiographisches Deutungsmuster des Frühwerks »als einer spezifisch träumerischen Pathologie« ein (ebd., S. 63):

»Reaktion ohnmächtigen Stolzes auf die Beleidigung durch die ›höhnische Härte und Gewöhnlichkeit‹ des Lebens; Aktualisierung des traumatischen Erlebnisses erstmalig-unvermittelten Ausgeliefertseins an die ›grausame Brutalität‹ des Wirklichen, sich vollziehend in der immer neuen ›Enttäuschung‹ durch den als trügerisch durchschauten idealen Schein: das psychologische Rätsel, das der Erkenntnisekel aufgibt, darf damit als aufgeklärt gelten.« (Haug 1969, S. 87)

In seiner Fixierung auf die Pathologie des wirklichkeitsreinen Träumers, deren Ursprung er in der individuellen psychischen Konditionierung des jungen Thomas Mann aufsucht, berücksichtigt Haug zu wenig die literarhistorische Dimension des ›Erkenntnisekels‹. Einsicht in die ökonomischen Triebkräfte der bürgerlichen Gesellschaft und die daraus resultierende Verweigerung der Teilnahme am bürgerlichen Diskurs sind generelle Merkmale der Avantgarde-Kunst des 19. Jahrhunderts; ›ennui‹ wird zum ›mal de siècle‹. So spricht sich etwa Flauberts Abwehr der bürgerlichen Wirklichkeit immer wieder explizit als Ekel aus. Erstaunliche Motivkorrespondenzen zeigen sich auch in der Wirklichkeitswahrnehmung von Thomas Mann und Heinrich Heine als Konnex von Durchschauen und Angewidertsein: »Der Gegensatz zwischen der banalen, verführerischen Welt des Frühlings und der Bürger und dem Einzelnen, der dieser Welt entfremdet ist, weil die Erkenntnis der traurigen Wahrheit hinter den Erscheinungen ihm alle Freude daran nimmt, war das eigentliche Dilemma von Heines lyrischem Ich; es war auch dasjenige Tonio Krögers.« (Wetzel 1981, S. 168 f.)

Die Formulierung »Lug und Trug und Elend« in Heines Gedicht *Götterdämmerung* (dazu ebd., S. 167 f.) wird zu »Komik und Elend – Komik und Elend« (26) als Fazit der Wirklichkeitserfahrung Tonio Krögers. Die apokalyptische Vision im zweiten Teil von Heines Gedicht vollzieht *Tonio Kröger* nicht nach; im Gegensatz zu Heine wird hier der Versuch einer Versöhnung unternommen. Was in Heines Verssprache prägnant formuliert ist, nimmt in der Prosasprache des *Tonio Kröger* zum Teil sentimentalen Charakter an, der bürgerlicher Banalität ungewollt wieder nahe kommt: »Hellsehen noch durch den Tränenschleier des Gefühls hindurch« (36).

Die im Laufe des Jahrhunderts verschärfte Wahrnehmung einer Diskrepanz zwischen bürgerlichem Anspruch und bürgerlicher Wirklichkeit erreicht einen Höhepunkt in der Kulturkritik Nietzsches. Dessen Entlarvungspsychologie entideologisiert die Motive menschlichen Denkens und Handelns und deckt ihre Beeinflussung von der Triebkraft des Willens im Schopenhauerschen Sinne auf: »Das Durchschauen bereitet Ekel, weil es auf dem Grund der Dinge nicht den Geist, sondern das Chaos der Willensnatur der Welt entdeckt« (Kurzke 1985, S. 98). Vorbild eines »typischen Literaten« (36) ist für Tonio Kröger Hamlet, der bereits in Nietzsches *Geburt der Tragödie* als Prototyp des erkennenden und daher handlungsunfähigen Menschen genannt wird. Der Begriff »Erkenntnisekel« ist eine Komprimierung der Aussage Nietzsches, in der er Hamlet mit dem dionysischen Menschen vergleicht: »sie haben *erkannt*, und es ekelt sie zu handeln« (Fr. Nietzsche, Werke in 6 Bdn. München, Wien 1980, Bd. I, S. 48). Ausweg aus dieser »Hamletlehre« (ebd.) bietet für Nietzsche nur die Kunst; er sieht »das *Komische* als die künstlerische Entladung vom Ekel des Absurden« (ebd., S. 49). Tonio Krögers Formel von »Komik und Elend« hat also auch hier einen direkten Bezug.

4.5 Abwendung von der Dekadenz

Der »Verfall einer Familie«, Leitthema des Romans *Buddenbrooks*, wird in *Tonio Kröger* nur noch in starker erzählerischer Verknappung abgehandelt:

> »Die alte Familie der Kröger war nach und nach in einen Zustand des Abbröckelns und der Zersetzung geraten, und die Leute hatten Grund, Tonio Krögers eigenes Sein und Wesen ebenfalls zu den Merkmalen dieses Zustandes zu rechnen. [...] Das große Krögersche Haus stand mitsamt seiner würdigen Geschichte zum Verkaufe, und die Firma ward ausgelöscht.« (25)

Erst in der Dekadenz-Literatur wird »ein solcher ›Verfall einer Familie‹ als darstellenswert angesehen und überaus häufig zum Thema erzählender Dichtung gemacht, und er kann so allerdings Symbolwert gewinnen.« (Rasch 1986, S. 14) Für Tonio Kröger markiert der Verfall der Familie jedoch den Beginn einer neuen Existenzform. Die Erzählung zeigt zunächst den dekadenten Zusammenhang von Krankheit und Verfeinerung der Empfindungs- und Wahrnehmungsfähigkeit: »Aber in dem Maße, wie seine Gesundheit geschwächt ward, verschärfte sich seine Künstlerschaft, ward wählerisch, erlesen, kostbar, fein, reizbar gegen das Banale und aufs höchste empfindlich in Fragen des Taktes und Geschmacks.« (26 f.) Die künstlerische Praxis, die hier mit der Vorliebe der Dekadenz für preziöses Vokabular beschrieben wird, ist jedoch nur eine Übergangsphase in der künstlerischen Entwicklung des Protagonisten. Die Erzählung nimmt v.a. konservative Aspekte der europäischen Dekadenz auf: »Eine solche Zuweisung verliert ihre Befremdlichkeit, wenn wir uns vor Augen halten, daß die Literatur der Décadence schon sehr bald dazu überging – am offensichtlichsten im Werk des Royalisten Paul Bourget –, die Überwindung der Dekadenz zum Programm zu erheben. Eben das geschieht auch auf seine Art im *Tonio Kröger*.« (Vaget 1984, S. 114)

Thomas Manns Verhältnis zur Dekadenz war von Anfang an ambivalent; er nimmt Phänomene der europäischen Dekadenz »als ästhetische[n] Reiz« zwar auf (Windisch-Laube 1990, S. 328), verbürgerlicht sie aber stark (im Vergleich etwa zu Joris K. Huysmans und Oscar Wilde) und nimmt ihnen damit ihren sozial- und gesellschaftskritischen Stachel. Sein Umgang mit der Dekadenz bleibt letztendlich spielerisch und unverbindlich. Dies erklärt sich auch daraus, daß sein Erkenntnisanspruch über die Dekadenz-Ideologie eines verfeinerten Bewußtseins hinausgeht; die Philosophien Schopenhauers und Nietzsches stellen ihm das solidere Fundament einer vorfreudianischen Psychologie zur Verfügung:

»Thomas Mann mag von der décadence-Stimmung eine Zeitlang die Überzeugung bezogen haben, mit anderen verfeinerten und herausgehobenen Individuen Repräsentant einer kulturellen Spätphase zu sein, insofern ›erwählt‹ und legitimiert. Es ist aber kennzeichnend für seinen Erkenntnis-Anspruch – der immer auch ein Anspruch an die Solidität und das Niveau von Begriffen ist –, daß er hiervon nicht befriedigt ist. Er hält sich seit Beginn an Schopenhauer und Nietzsche, deren Konzepte unter der Schicht modischer ›Nervenkunst‹ schon in seinem Frühwerk faßbar sind.« (Dierks 1990, S. 288)

Jedoch läßt sich nicht von einer endgültigen Absage an die Dekadenz sprechen. Was in *Tonio Kröger* als bürgerliches Kunstprogramm formuliert wird, schließt Positionen der dekadenten Ästhetik ein: »*Tonio Kröger* stellt sich so als der Versuch dar, die Mentalität und Attitüde der décadence hinter sich zu lassen, ohne dabei deren spezifisch moderne ästhetische Errungenschaften preiszugeben: Bourget wird verabschiedet, Nietzsche und Flaubert bleiben seine heimlichen Hausgötter.« (Vaget 1990, S. 566 f.) Die Themen des dekadenten Bewußtseins und des artistischen Rollenspiels bleiben Konstanten im Gesamtwerk Thomas Manns. Sie bilden den Gegenpol zu seinem Selbstverständnis als bürgerlich-repräsentativer Künstler:

»Ein primär am Verfall interessierter Schriftsteller, der mit der Absage an die Décadence unverbindlich experimentiert, – das war Thomas Mann von Anfang an, und er ist es immer geblieben. Er ist dabei entscheidend von Nietzsches Deutung und Wertung der Décadence bestimmt. Sie ist für ihn ein Phänomen, zu dem vitale Schwächung, Überfeinerung, nervöse Anfälligkeit und Reizbarkeit gehören, ferner Müdigkeit, eine tiefe Skepsis gegenüber der Aktivität fordernden Lebenswirklichkeit und allen Werten der einseitigen Vita activa, die so oft in formelhafter Wiederholung erwähnte ›Sympathie mit dem Tode‹. Dazu gehört die entfremdende Entfernung von der Wirklichkeit, das Gefühl des Getrenntseins von ihr, wie es Tonio Kröger oder Hofmannsthals Claudio erfahren, oder wie es André Gide in seinen frühen symbolistischen Traktaten beschreibt. Der Verlust einer unbefangenen Lebenssicherheit führt zu jener ›formalen Existenz‹, die schon im Senator Thomas Buddenbrook, abgewandelt dann in dem Roman ›Königliche Hoheit‹ und in anderen Variationen erscheint.« (Rasch 1986, S. 166 f.)

4.6 Tonio Kröger als ›Dichter‹

In der zeitgenössischen Diskussion der Jahrhundertwende war der Begriff des Dichters, der im programmatischen Schlußkapitel von *Tonio Kröger* dem des Literaten übergeordnet wird (vgl. 73), bereits deutlich antimodern konnotiert:

»Hoch im Preis in der deutschen Kultur um 1900, wie Thomas Mann sie von seinem Münchner Standpunkt aus sah, standen unproblematische Schönheit und Lebensbejahung, und eine entsprechende, als ›Plastik‹ verstandene Wortkunst, wie sie nur der echte ›Dichter‹ in unbewußt-naturwüchsiger Spontaneität üben konnte, abgelehnt wurden Intellektualität, Kritik am ›Leben‹, jedwede wühlende Analyse – alles bloß ›Literatur‹, von ›Schriftstellern‹ oder ›Literaten‹ hergestellt. Ersteres war ›gesund‹, man setzte als Gegenschlag zur Dekadenz auf ›Regeneration‹; das andere war pathologisch, störend, daher verpönt.« (Reed 1990, S. 107)

Mit diesen Wertungen hat sich Thomas Mann »jahrzehntelang herumgeschlagen« (ebd.). In kritischen Äußerungen zu den *Buddenbrooks* waren ihm die gleiche zersetzende Ironie und Kälte vorgeworfen worden, die in der Figurenrede Tonio Krögers als Merkmal ästhetizistischer Kunst zurückgewiesen wird. Auch in den zeitgenössischen Rezensionen zum Novellenband *Tristan* wiederholten sich Urteile von Kälte, Humor- und Lieblosigkeit, auf die Thomas Mann mit »Empfindlichkeit reagierte«, da sie »seinem Krögerschen Programm, ein lebens- und menschenfreundlicher ›Dichter‹ werden zu wollen, entgegenarbeiten mußte[n]« (Vaget 1984, S. 75). Andere zeitgenössische Rezensenten loben ausdrücklich die anti-modernen Tendenzen der Erzählung *Tonio Kröger*, die im Novellenband *Tristan* die meiste Zustimmung fand. Vaget formuliert die Gegenpole solcher konträrer Deutungsmuster:

»Früh schon sagte man ihm nach, ein kalter Künstler zu sein. Kälte aber gilt als Manko; was vom ›Dichter‹ erwartet wurde, waren Wärme, Menschenliebe und ein gemütvoller Humor. Thomas Mann ließ sich nur selten dazu verleiten, solchen Erwartungen entgegenzukommen, und wo er es tat – in *Ein Glück* zum Beispiel –, landete er sogleich in den Niederungen des Kitsches. Dort hingegen, wo er dem von Flaubert aufgestellten Ideal der ›impassibilité‹ treu blieb und eine eiskalte Artistik praktizierte, führte er die deutsche Erzählkunst zu neuen Höhen.« (Vaget 1990, S. 537)

Selbst wenn man nicht soweit gehen will, auch die Schlußpassagen von *Tonio Kröger* als »Kitsch« zu bezeichnen, so ist doch evident, daß die Flaubertsche Kunstmaxime der Emotionslosigkeit hier so sehr außer Acht gelassen wurde, daß auch Thomas Mann trotz seiner Hochschätzung der Erzählung später äußerte, die Liebeserklärung an das Leben gehe in ihrer Direktheit »bis zum Unkünstlerischen« (Briefe I, S. 61). In der Entgegensetzung Literat – Dichter zeigt sich das letzte Kapitel von einer fatalen deutschen Entwicklung beeinflußt, die in der Kunst- und Kulturpolitik des Wilhelminischen Kaiserreichs zu einem ersten Höhepunkt kommt: dem Literaten als Vertreter der Kunst der Moderne mit einem analytischen, kritischen Blick auf die Wirklichkeit wird der Dichter übergeordnet, der in seiner Kunst die Gegensätze versöhnt und die Harmonie der Volksgemeinschaft zum Ausdruck bringt. Mit der Überordnung des Dichters über den Literaten nimmt Thomas Mann die Polemik gegen den ›Zivilisationsliteraten‹ vorweg, die später als Auseinandersetzung mit dem Kunstverständnis Heinrich Manns in den *Betrachtungen eines Unpolitischen* voll entfaltet wird:

»Der oberflächlichen Fortschrittlichkeit der ›Zivilisationsliteraten‹ Heinrich Mann und Konsorten, die ihr ums Überleben kämpfendes Vaterland als militaristisch und moralisch korrupt schlechtgemacht hatten, sollte das ›tiefere‹ Verständnis einer [...] ungleich komplizierten Wirklichkeit entgegengestellt werden, das allein Kultur verbürge, des Künstlers würdig sei und übrigens den Charakter des deutsch-bürgerlichen Künstlers sowieso ausmache. Damit schlug sich der frühere ›verirrte Bürger‹ und Außenseiter, den es längst nach Rückkehr zur Gemeinschaft der ›Blonden und Blauäugigen‹ gelüstete, zum Leben in seiner kriegerischen Banalität.« (Reed 1990, S. 110)

Die Konzeption einer Kunst, die über den Gegensätzen steht, ist eine Verbürgerlichung und Trivialisierung des klassischen und frühromantischen Kunstideals, dessen kritische Potenz sich im Postulat von der Autonomie der Kunst ausgedrückt hatte. *Tonio Kröger* ist auch insofern das Dokument einer ungesicherten und unabgeschlossenen künstlerischen Identitätssuche, als der harmonisierende Schluß mit deutlich anti-modernem Affekt nicht Thomas Manns letztes Wort ist. Der Gegensatz zwischen kritischer und versöhnender Kunst bleibt ein Grundproblem des gesamten Werkes.

5 Rezeptions- und Deutungsgeschichte

Im Vergleich zur Aufnahme der *Buddenbrooks* war die zeitgenössische Rezeption der frühen Erzählungen weitaus zwiespältiger. Dies erklärt sich aus der um die Jahrhundertwende noch dominanten realistischen bzw. naturalistischen Erzählkonvention, der Verankerung des Dargestellten im »christlich-bürgerlichen Wertsystem« (Vaget 1990, S. 537). Einer solchen Rezeptionserwartung entsprachen die frühesten Erzählungen weitaus weniger als *Buddenbrooks*. Jedoch fand der zweite Novellenband *Tristan* (1903) teilweise begeisterte Aufnahme bei der Kritik, die mehr noch als der sich langsamer einstellende Erfolg des Romans ein entscheidender Schritt auf dem Weg zu künstlerischer Repräsentanz war (vgl. ebd., S. 556). Die zeitgenössische Kritik beurteilte überwiegend *Tonio Kröger* als die beste Erzählung des *Tristan*-Bandes: »Am wertvollsten erscheint mir die Geschichte von *Tonio Kröger*, dem modernen Poeten, in dem unschwer des Verfassers eigene Wesenszüge – obgleich nicht sie allein – zu erkennen sind.« (Eugen Kalkschmidt. In: Der Kunstwart 17, 1904, S. 596 f.). Die Identifikation des Protagonisten Tonio Kröger mit dem Autor ist ein weiteres Stereotyp zeitgenössischer Äußerungen:

»Man kann ›Tonio Kröger‹ als ein Nachwort zu den ›Buddenbrooks‹ bezeichnen; gar manche Einzelheiten, die dem Roman und der Novelle gemeinsam sind, lassen erraten, daß die Novelle eine Art Selbstporträt und Autobiographie des Verfassers der ›Buddenbrooks‹ ist, ins Typische erweitert und ins Ewiggültige vertieft.« (G. Keyssner am 5. 8. 1903 in: Münchner Neueste Nachrichten, Bd. 56, Nr. 360, Spalte »Belletristisches«)

Mit ihrem Nachvollzug der als feinsinnig erfahrenen Empfindungsanalyse des Textes ist die folgende Rezension ein typischer Ausdruck zeitgenössischer Rezipientenhaltung:

»Ich habe selten so viel Feines über das Seelenleben des Dichters gelesen, wie in dieser einfachen Lebensbeichte. Darum ist sie mir so ans Herz gewachsen – ich möchte sagen: während des Lesens. Man hat dabei das beruhigende Gefühl, daß hier nicht geschauspielert und gelogen wird, daß jedes Wort erlebt, jede dieser zarten Stimmungen echt, jeder dieser oft bitterbösen Gedanken wahr ist. Dieser Tonio Kröger, der so gar nicht in das gewöhnliche Alltagsleben hineinpaßt und doch eine stille Sehnsucht nach all dieser Gewöhnlichkeit und Alltäglichkeit mit sich herumträgt, wie fein ist er von Kindheit auf beobachtet! So kann einer nur sich selber beobachten, aber, wohlverstanden, nur wenn er die Grausamkeit des Künstlers besitzt, den traurigen Mut, sich die Freude an sich selbst zu zerstören.« (Edgar Steiger. In: Die Freistatt, Jg. 5, 1903, Nr. 17, S. 330)

Jedoch zeigen auch einige zeitgenössische Rezensionen bereits eine deutliche Distanzierung von der Erzählung. So sieht Carl Busse in einer Besprechung vom Juli 1903 die sechs Novellen des *Tristan*-Bandes als »starken Rückschritt« gegenüber *Buddenbrooks*: »Seltsam genug: der große Roman sprach von einem sicheren fertigen Künstler, die kleinen Novellen hier reden von einem unsicheren, tastenden, unfertigen.« *Tonio Kröger* wird zwar ein halbes Lob gezollt, doch ist auch hier die skeptische Distanz unüberhörbar:

»Man würde das Buch im ganzen verzagt aus der Hand legen, wenn ›Tonio Kröger‹, das Schlußstück, nicht wieder Hoffnung machte. Darin ist eine halbe Sehnsucht, ein Versprechen, ein Sich-Wenden. Man soll nicht zu optimistisch sein: vielleicht ist das alles nur ein Kokettieren, ein literarisches Kokettieren mit der Natur, mit dem ›Bürgerlichen‹, mit dem Nicht-Literarischen.« (Carl Busse. In: Deutsche Monatsschrift für das gesamte Leben der Gegenwart, Jg. 4, Juli 1903, S. 634 f.)

Diese Beurteilung erweist sich als einigermaßen hellsichtig angesichts der weiteren literarischen Produktion Thomas Manns bis zum *Tod in Venedig* und der dort vollzogenen Destruktion des Wunschbildes vom bürgerlich-repräsentativen Künstler. Vaget faßt die zeitgenössische Rezeption zusammen: »Das erste Echo auf *Tonio Kröger* war durchweg zustimmend, nicht selten enthusiastisch; von der Kritik, die sich gegen einige andere Novellen des Bandes richtete, wurde diese ausdrücklich ausgenommen.« (Vaget 1990, S. 564) Dabei wurde von Thomas Mann die Überwindung des ›kalten‹ Ästhetizismus der Schule Flauberts, also im Grunde »die ›Überwindung‹ einer als bedrohlich empfundenen Modernität« erwartet (ebd., S. 565).

Der zeitgenössischen Aufnahme entspricht Thomas Manns eigene Bewertung der Erzählung als sein »literarisches Lieblingskind« (GW XIII, S. 145). Im *Lebensabriß* von 1930 spricht er von dem Novellenband, »der die Geschichte enthielt, die noch heute vielleicht von allem, was ich schrieb, meinem Herzen am nächsten steht und noch immer von jungen Leuten geliebt wird, den ›Tonio Kröger‹.« (GW XI, S. 115) Die immer wieder betonte Jugendlichkeit der Erzählung, die darauf beruhende Rezeption besonders durch die Jugend, führt zur Hochstilisierung als »mein ›Werther‹« (Briefe II, S. 202):

»Auch die Charakterisierung der Novelle als ›ein typisches Jugendwerk‹ gründet auf dem Wissen, daß es in vielen Schulausgaben in Deutschland und im Ausland immer mehr Verbreitung fand. Das bestätigte ihm, was ein Göttinger Student ihm einst versichert hatte, daß nämlich nicht die *Buddenbrooks*, sondern *Tonio Kröger* sein ›Eigentliches‹ sei. In den *Betrachtungen eines Unpolitischen* beruft er sich zustimmend auf jenen Studenten, in dessen Urteil er an anderer Stelle gleich den ›Ausdruck der Seelenstimmung einer ganzen Generation‹ erblicken wollte« (Vaget 1984, S. 111 f.).

In der weiteren Deutungsgeschichte wird immer wieder der Versuch unternommen, die Erzählung in die literarhistorische Tradition der Künstlerthematik einzuordnen. So vergleicht Martin Havenstein 1927 *Tonio Kröger* mit Tasso, Goethes Protagonisten eines problematischen Künstlertums:

»Tonio Kröger ist ein moderner Tasso – *das* ist die Lösung seines Wesensrätsels, nicht die von Lisaweta angegebene. Der Vergleich der beiden von Dichtern gestalteten Dichter ist lehrreich. Tasso ist ungleich tragischer als sein moderner Nachfahre. Der Widerstreit seines Inneren ist so heftig, daß er ihn eines Tages zerstören muß, auch wenn er sich nach dem, was Goethe ihn erleben läßt, noch einmal beruhigt. Tonio Kröger ist über den Kampf, der Tasso erschüttert und zerreißt, eigentlich hinaus. Er sehnt sich nach dem ›Leben‹, aber die Leier, oder besser: die Feder wegzuwerfen und es nun wirklich mit dem Leben zu versuchen, dieser Gedanke kommt ihm nicht.« (Martin Havenstein: Thomas Mann. Der Dichter und Schriftsteller. Berlin 1927; zit. nach Bellmann 1986, S. 77)

Wichtig für die Wiederbelebung der deutschen Thomas-Mann-Forschung nach dem 2. Weltkrieg wurde Erich Hellers: *Thomas Mann. Der ironische Deutsche.* Heller sieht in *Tonio Kröger* eine

»Novelle, die im übrigen den *Buddenbrooks* so nahe verwandt ist wie ein Ableger der Mutterpflanze. Wieder sind wir bei einem Hanno Buddenbrook, der seine Musik und seinen Typhus überlebt hat und nun im Kriege liegt mit dem Fluch der Literatur, jenem Gespenst aus der Verlassenschaft Flauberts, das seit damals so manchem Künstler aufgelauert und Feindschaft gestiftet hat zwischen der Kunst und dem ›*cœur simple*‹, dem Herzen, das noch unberührt ist von der Kälte der Kunstübung und Ironie. *Tonio Kröger* ist ein Gebilde von lyrischer Zartheit und dennoch beträchtlichem Gewicht, und trägt seine Last mit der Ausgewogenheit, die das Geschenk ästhetischer Meisterschaft ist. Wenn von Handlung die Rede sein kann, so ist sie von einer Idee bestimmt und ist als Handlung von der anspruchslosesten Art.« (Heller 1959, S. 62)

Eine eigenwillige *Tonio-Kröger*-Deutung trägt Haug in seiner Arbeit über das Frühwerk vor:

»Nicht ›die Kunst‹ bringt ihren Adepten in einen Gegensatz zum Leben, sondern der Träumer als Künstler trägt mit innerer Notwendigkeit den Zwiespalt, den er in sich selbst findet, in sie hinein. Zum ›Fluch‹ wird das Künstlertum nur für den, dem es in der Kunst gar nicht eigentlich um die Kunst zu tun ist, sondern um den Traum, den ihm die Wirklichkeit verwehrt.« (Haug 1969, S. 43)

Nach dem Verlöschen der Liebe zu Hans Hansen und Inge Holm, die eigentlich träumerische (nicht künstlerische) Selbstverliebtheit gewesen sei (vgl. ebd., S. 52), trete Tonio Kröger aus der träumerischen Phantasiewelt heraus und beginne »mit Entschiedenheit erwachsen zu werden«, d. h. es »mit der Wirklichkeit aufzunehmen« (ebd., S. 53). Jetzt erst werde der Träumer zum Künstler, »nicht eigentlich aus Berufung, sondern aus Not; und er wird es offenbar deshalb, weil diese ›Daseinsform‹ ihm ein Arrangement mit der Wirklichkeit verspricht, bei dem er auf das Bewußtsein der Erlesenheit und das Spiel der ›tausend Möglichkeiten‹ denn doch nicht völlig zu verzichten braucht.« (ebd.) Jedoch erweist sich die Kunst nicht als ein uneingeschränktes Traum- und Phantasiereich, sondern ist ihrerseits einem strengen Form- und Erlesenheitsbewußtsein unterworfen. Darin sieht Haug den Grund für das Leiden Tonio Krögers an seiner künstlerischen Berufung (vgl. ebd., S. 53 f.); die im Text suggerierte Erklärung vom Gegensatz Künstler – Bürger weist er zurück:

»Die beiden Welten, zwischen denen Tonio Kröger heimatlos mitten inne steht, heißen in Wahrheit nicht Künstlertum und Bürgertum, sondern Traum und Leben; und wenn er als Künstler unglücklich werden muß, so darum, weil ihm die Kunst, so wie er sie übt und allein üben kann, die Unvereinbarkeit dieser Welten, anstatt sie aufzuheben, nur noch schmerzhafter zu Bewußtsein bringt.« (ebd., S. 55)

Die Liebeserklärung an die Blonden und Blauäugigen bleibe literarisch bis zum *Tod in Venedig* ohne Folgen; *Tonio Kröger* sei »bloß seines Dichters schwache Stunde« (ebd., S. 110). Die Arbeit Haugs, die die Deutungstradition von Tonio Kröger als alter ego Thomas Manns aufnimmt und durch die Grundthese vom träumerischen Bewußtsein intensiviert, bietet ein gutes Beispiel dafür, wie ein durchaus einsichtiger Ansatz durch Beharren und unzureichende Einordnung in die literarhistorische Tradition des Künstler-Bürger-Gegensatzes zu einseitigen Ergebnissen führt.

Geiser unternimmt im Gegensatz dazu den Versuch, das Frühwerk Thomas Manns den literarischen Bewegungen von Naturalismus und Symbolismus zuzuordnen:

»Wie uns Guy Michaud orientiert, wird das Schopenhauererlebnis im Paris der Symbolisten Anlaß zu einer vergrößerten *Misère*, einem vertieften Weltekel. [...] Hier verbündet man sich also mit der Schopenhauerschen Philosophie gegen das Leben, gegen seine geistlosen Wirrnisse, gegen seine Dummheit insbesondere. Und gerade dieses Bündnis lehnt Thomas Mann in der Figur Tonio Krögers ab, indem dieser die ›Dummheit‹ des Lebens respektiert und dort, wo sie harmlos auftritt, ihr sogar mit Sehnsucht gegenüber steht. Das macht Tonio Kröger noch nicht zum Künstlerbürger, das heißt zu einer harmonisierten Vereinigung von Künstler und Bürger. Halten wir noch einmal kurz fest: Tonio Kröger ist seiner Schaffensart nach Symbolist, indem er die als banal empfundene Wirklichkeit aufopfert für das Kunstwerk, banal sind (im Vergleich zum Werk) sogar seine eigenen Gefühle. Sie müssen zugunsten der Kunst ›aufs Eis gelegt‹ werden. Andererseits erscheint ihm der mit dieser Abstrahierung der Wirklichkeit verbundene Akt der Erkenntnis infam. Er kann aber zuletzt nicht auf diesen Erkenntnisakt verzichten, weil er zu seinem Künstlertum gehört. Die Haltung zum Kunstwerk müßte konsequenterweise so gefolgert werden, wie sie Thomas Mann in einem Brief an Kurt Martens auch ausspricht: *Ich möchte ein Kunstwerk als etwas Absolutes, bürgerlich Indiscutables, betrachtet wissen.*« (Geiser 1971, S. 45)

Peter de Mendelssohn bündelt in seiner apologetischen Thomas-Mann-Biographie frühere Aussagen der literarischen Kritik zum ästhetischen, vorwiegend musikalischen Formprinzip der Erzählung:

»Anders als seine übrigen Erzählungen hat Thomas Mann *Tonio Kröger* – und den zehn Jahre später entstandenen, nur um wenige Seiten längeren *Tod in Venedig* – stets seinen Hauptwerken zugerechnet und ebenbürtig neben seine großen Romane gestellt. Das hat seinen guten Grund. Der Leser, dem die Novelle zur Hand ist, wird auf einen Blick sehen, daß ihr bei aller Kürze und Knappheit die ›große Form‹ innewohnt: sie umschließt eine Welt. Und sie ist, wie kaum eine andere Novelle Thomas Manns, sehr absichtsvoll nach einem bestimmten Kunstprinzip gebaut, welches, auf größere Fläche projiziert, auch das des Romans ist. Sie besitzt eine strenge formale Symmetrie; sie gleicht einem dreiteiligen Flügelaltar, dessen Flügel einander entsprechen und, jeder auf seine Art, eine Interpretation des auf dem Mittelstück ausgeführten Themas sind; ebenso sinnfällig aber ist in ihr auch die Struktur einer Sonate in drei Sätzen zu erkennen. Thomas Mann selber hat im Lauf seines Lebens mehr als einmal darüber gesprochen, welche Bedeutung *Tonio Kröger* für ihn hatte und welchen Platz die Novelle in seinem Werk einnahm.« (de Mendelssohn 1975, S. 516)

Helmut Koopmann interpretiert die Erzählung als Dokument einer Wandlung im Selbstverständnis Thomas Manns und der Rückbesinnung auf seine bürgerliche Herkunft:

»Daß es Thomas Manns persönlichste Novelle ist, bedarf dabei kaum einer Erwähnung; die Ähnlichkeiten zwischen Autor und Held sind zu deutlich, auch wenn wir nicht wüßten, daß Thomas Mann einen Brief an die Brüder Paul und Carl Ehrenberg vom 8. Februar 1901 mit ›Euer Tonio Kröger‹ unterzeichnet hat. Es ist die Geschichte des in die Bürgerlichkeit zurückkehrenden ›Künstlers‹, und die zentralen Partien in dieser Geschichte sind das Gespräch mit Lisaweta Iwanowna und der Brief an sie am Ende der Novelle. [...] So bekommt das Bürgerliche plötzlich Konturen, festere Gestalt: aus dem bloß Atmosphärischen ist Normalität und Anständigkeit geworden, ersteres vielleicht, letzteres sicherlich ein positiver Wert auch jenseits enger bürgerlicher Moralvorstellungen. Es wäre falsch, in der Liebe Tonio Krögers zu den Blonden und Blauäugigen die ganze neue Bürgerlichkeit zu sehen. Bürgerlich ist nicht bloß das Helle, Lebendige, Glückliche, Liebenswürdige, Naive und Unproblematische. Denn zum Bürgerlichen gehört hier auch Lebenszugewandtheit und Lebensfähigkeit, das Vermögen, sich im Alltäglichen zu bewegen und eine gewisse Problemlosigkeit des Umgangs miteinander: das Soziale also oder jedenfalls etwas, das Thomas Mann später so nennen wird. In diesen Bestimmungen spiegelt sich nicht nur das veränderte Selbstverständnis Thomas Manns nach dem ›Tristan‹, sondern zunächst einmal eine neue, positive Bestimmung des Bürgerlichen. Bürgerlichkeit ist fortan nicht mehr bloß die seit altersher vertraute Atmosphäre, sondern ein Wert; und schattenhaft zeichnet sich hier schon ab, was Bürgerlichkeit im folgenden Jahrzehnt bedeuten wird.« (Koopmann 1975, S. 87-89)

Entgegen einer idealistischen Sicht von Bürgerlichkeit als Denkhaltung und Lebensform bewertet Inge Diersen Tonio Krögers »Bürgerliebe« auf dem Hintergrund der marxistischen Gesellschaftsanalyse und ihrer sozialen Einordnung der Bourgeoisie als einer herrschenden Klasse. Von dem frühen Thomas-Mann-Interpreten Georg Lukács übernimmt sie den Gedanken, daß die Idee der Humanität in den Werken Thomas Manns die Klassengegensätze transzendiere. Wie Koopmann vollzieht auch sie die aus der zeitgenössischen Rezeption vertraute Identifikation Thomas Mann/Tonio Kröger nach:

»Das ist ein großes Programm auf einer schwachen und unsicheren Grundlage. Denn Grundlage ist eine sozial diffuse Vorstellung vom Bürgerlichen wie vom Leben. ›Bürgerliebe zum Menschlichen, Lebendigen und Gewöhnlichen‹ – eine solche Formulierung ist nur verständlich, wenn wir von Thomas Manns Grunderfahrung ausgehen und von den weltanschaulichen Voraussetzungen, die er hat, um zu verallgemeinern. Die Grunderfahrung ist sozial konkret: die Kunstfeindlichkeit der Bourgeoisie, die Inhumanität der kapitalistischen Gesellschaft, die Unvereinbarkeit von Kunst und Geschäft. Die intellektuelle Verallgemeinerung aber ist idealistisch, ist von bürgerlicher Philosophie, besonders von Nietzsche beeinflußt: Er nimmt einen abstrakten, ›ewigen‹ Gegensatz von Künstler und Bürger, von Kunst und Leben an. Da aber seine eigene Erfahrung als Künstler ihn lehrt, daß Kunst ohne Kontakt zum Leben, ohne Liebe zum Menschen nicht gedeihen kann, daß sie dann im bloß Artifiziellen erstarrt und letztlich menschenfeindlich wird, muß er zu Lösungen kommen, die bei allen Möglichkeiten zu großer humanistischer Kunst auch die Gefahr des Kompromisses mit dem Bestehenden in sich bergen. Im ›Tonio Kröger‹ – und das macht nicht zuletzt die Bedeutung der Erzählung aus – versteht es Thomas Mann, dieser Gefahr zu entgehen. Das ›Menschliche, Lebendige und Gewöhnliche‹, dem die Liebe gilt, ist in seiner konkreten Erscheinungsform bourgeoises Leben, großbürgerliches in den Jugendepisoden, kleinbürgerliches in Aalsgaard. Von der Erkenntnis und Erfahrung, daß es damit keine Gemeinsamkeit gibt, kann Tonio Kröger – und kann Thomas Mann – nichts zurücknehmen. So sucht Tonio Kröger denn auch keine Verbrüderung mit Hans Hansen und Ingeborg Holm. Distanz bleibt geboten. [...] Kunst als Hilfeleistung für eine ›ungeborene und schemenhafte Welt‹, ›die geordnet und gebildet sein will‹, [...] – das ist das Kernstück von Tonio Krögers

– und Thomas Manns – poetischem Programm, einem Programm, das groß genug ist, ein ganzes langes Leben auszufüllen. Und es fällt nicht schwer, Thomas Manns spätere große Werke bis hin zu seinem Alterswerk zu dem frühen Tonio-Kröger-Programm in Beziehung zu setzen.« (Diersen 1975, S. 74 f.)

Auch Jendreiek versteht in seiner Deutung der Erzählung, deren formale Struktur und philosophische Fundierung er differenziert herausarbeitet, *Tonio Kröger* als Programmschrift des Autors:

»Werkgeschichtlich führt Thomas Mann in ›Tonio Kröger‹ seine Diskussion um die Entscheidung zwischen Schopenhauer und Nietzsche: zwischen Schopenhauers Kunstlehre und Nietzsches Lebensbegriff als den beiden für ihn belangvollen Fundamentalpositionen der Existenzinterpretation zur Zeit des Übergangs vom 19. zum 20. Jahrhundert. Die Basis dieser Auseinandersetzung bildet Schopenhauer mit seiner Philosophie von der Erlösung des Menschen durch die Kunst. Die kritische Gegenposition findet Thomas Mann in Nietzsches aktivistischem Willen zum Leben. [...] Die Entscheidung Tonio Krögers für die Kunst hat ihre Grundlagen bei Schopenhauer, und seine Problematisierung der ästhetischen Existenz wiederholt die Problematisierung Schopenhauers durch Nietzsche. [...] Im Kapitel ›Einkehr‹ der ›Betrachtungen eines Unpolitischen‹ hat Thomas Mann den Namen ›Tonio Kröger‹ als ›Symbol‹ der autobiographisch bezogenen ›romanisch-deutschen Blutsmischung‹ Tonios und seiner ›Mittelstellung zwischen Gesundheit und Raffinement, Anständigkeit und Abenteuertum, Gemüt und Artistik‹ gedeutet und die Antagonismen als Resultat des Nietzsche-Einflusses ausgewiesen. [...] Tonios existentielle Selbstanalyse und sein künstlerisches Bekenntnis sind im Zusammenhang der Entwicklung Thomas Manns von autobiographischem Belang. Wie er einzelne Hauptphasen der Novelle in einer Stadt ansiedelt, die unverkennbar lübecksche Züge trägt, wie die Darstellung von Tonios Elternhaus durch die Erinnerung an das eigene Elternhaus in Lübeck, das ›Buddenbrookhaus‹, geprägt ist und wie er dem dreißigjährigen Tonio die Züge des eigenen Aussehens und des eigenen Habitus verleiht, so spiegelt sich in Tonios Gesamtkonflikt die eigene Lebensproblematik seiner Doppelexistenz als Bürger und Künstler, seiner Herkunft aus dem Bürgertum und seiner Entscheidung zum Künstlertum, seiner bürgerlichen Lebenskultur und seines ästhetischen Denkens und Schaffens. Erst in der *neunten* Phase, im Lisaweta-Brief, kündigt sich in Form eines Programmentwurfs eine Lösung dieser Problematik durch die Vision einer zu humaner Universalität tendierenden demokratischen Literatur an. Thomas Mann läßt Tonio über eine autobiographische Selbstvergewisserung die Lösung finden, deren Elemente aus seinem eigenen Leben stammen: Durch den nördlichen Wesensanteil des Vaters weiß er sich zur Bürgerlichkeit, durch den südlichen der Mutter zum Künstlertum bestimmt; die Vater-Mutter-Polarität von ›nordischem Temperament‹ mit dem Hang zu korrekter Gründlichkeit und ›exotischem Blut‹ mit der Neigung zu Schönheit, Sinnlichkeit und Leidenschaftlichkeit objektiviert sich als Polarität von Bürgertum und Künstlertum. Der Tonio des Lisaweta-Briefes hält, anders als der Tonio des Lisaweta-Gesprächs, wie Thomas Mann selbst die Spannung zwischen bürgerlicher und künstlerischer Lebensform aus, nimmt sie an und bekennt sich zu ihr als zu einem produktiven Lebensgesetz.« (Jendreiek 1977, S. 175-187)

Obwohl die Bedeutung von *Tonio Kröger* für die künstlerische Identitätsfindung Thomas Manns bis heute Leitthema der literarischen Kritik ist, steht die Erzählung in der jüngsten Kritik nahezu einhellig im Schatten der artifizielleren Erzählung *Tristan*. *Tonio Kröger* wird im Vergleich dazu vielfach als literarischer Rückschritt empfunden:

»Der vermeintliche Durchbruch zeitigte aber einen gewissen künstlerischen Abstieg. Verglichen mit jener messerscharfen, von Ironie blitzenden, die Kunst-Leben-Antinomie präzise ausbalancierenden Künstler-Diagnose [in *Tristan*] mutet die Kröger-Novelle mit ihrer Gefühlsschwere, der Neigung zur Larmoyanz (der übrigens auch Ibsen und Hauptmann erliegen) sowie der etwas befremdlichen Selbstzufriedenheit des gar nicht so verirrten Bürgers weniger geglückt an. Es kann auch nicht übersehen werden, daß die Stichworte von Krögers ästhetischem Programm – Dichter, Humor, Erlösung der Gewöhnlichen durch die Kunst – hinter den von *Tristan* und *Gladius Dei* gesteckten ästhetischen Positionen zurückbleiben. Krögers Programm verweist eher auf die Aporien von *Königliche Hoheit* – nicht zufällig nehmen ›Hoheit‹ und ›etwas Königliches‹ einen so auffälligen Platz in seinen Vorstellungen ein – als auf den *Tod in Venedig*, der stärker an die Errungenschaften von *Tristan* anknüpft.« (Vaget 1984, S. 116)

Nach Kurzke geht aus der Wiederholungsstruktur der Erzählung »eine gewisse Statik« hervor:

»Sie schildert keinen Bildungsroman, in dem sich etwas ändert, sondern sie belegt nur ein und dieselbe antithetische Struktur in verschiedenen Lebensphasen mit immer neuen Beispielen. Weil sich eigentlich nichts ändert, muß die ›Lehre‹ Tonio Krögers am Schluß abstrakt bleiben. Sie spielt sich nur in seinem Kopf ab und ist vom Verlauf der erzählten Ereignisse nicht gedeckt. Tonio nimmt ja keinen wirklichen Kontakt mit dem ›Leben‹ auf. Es kommt nicht zu einer Liebesgeschichte zwischen ihm und Ingeborg, an der sich seine Liebe zum Gewöhnlichen konkret hätte bewähren können. Er liebt das Leben nur aus der Ferne, anders als Prinz Klaus Heinrich, der sich auf Imma und die Ökonomie wirklich einläßt. Tonios Bürgerliebe zum Menschlichen, Lebendigen und Gewöhnlichen wird nicht zur Tat. Sie ist eine bloße Meinung, ein bloßer Willensentschluß – ist sie vielleicht gar nur eine ›Velleität‹?« (Kurzke 1985, S. 100)

Der ›Ironiker Thomas Mann‹ kündigt sich in *Tonio Kröger* erst an:

»Ironie, so hat Thomas Mann auch gesagt, ›ist immer Ironie nach beiden Seiten hin; sie richtet sich gegen das Leben sowohl wie gegen den Geist, und dies nimmt ihr die große Gebärde, dies gibt ihr Melancholie und Bescheidenheit‹. Er hat Ironie jedoch nicht nur als Kritik an Extremismen definiert, sondern auch positiv als Erotik, und die *Betrachtungen* stellen ausdrücklich fest: ›Immer war Eros ein Ironiker. Und Ironie ist Erotik‹. Thomas Mann kommt zu solchen Feststellungen aus seiner Ablehnung der l'art pour l'art-Kunst, ihrer Sterilität und Kälte. So ist das Bekenntnis zur Ironie, zur Erotik, zur Mittlerstellung zugleich eine Kritik an einer künstlerischen Haltung der Jahrhundertwende, die viel auch von Selbstkritik an sich hat, andererseits ein Versuch, die Entscheidung Tonio Krögers für die ›Wonnen der Gewöhnlichkeit‹ weiterzuführen oder doch zumindest beschreibend zu unterbauen.« (Koopmann 1990, S. 846)

Der Anfangserfolg der Erzählung blieb, unterbrochen vom Publikationsverbot der Werke Thomas Manns in der Zeit des Nationalsozialismus, bis heute konstant: »Noch heute ist dieser Text der meistgelesene von Thomas Mann, und noch heute bezieht sowohl das populäre wie auch das wissenschaftliche Thomas-Mann-Bild seine Stichworte aus dieser bis zur Erschöpfung interpretierten und ins Paradigmatische erhobenen Künstler-Novelle.« (Vaget 1990, S. 564)

»1913 erschien die erste deutsche Einzelausgabe [...], von der 1930 das 79.-85. Tausend aufgelegt wurde. Von einer erstmals 1952 erschienenen Schulausgabe des Fischer-Verlags kam 1962 das 210.-239. Tausend in den Handel, 1972 das 536-585. Tausend. Eine Taschenbuch-Ausgabe von ›Tonio Kröger‹ und ›Mario und der Zauberer‹ wurde in den Jahren 1973-1980 über 300 000mal verkauft.« (Bellmann 1986, S. 71)

Von dieser Taschenbuch-Ausgabe, die hier als Textgrundlage benutzt wird, wurden 1991 das 676.-700. und 1992 das 701.-730. Tausend neu aufgelegt.

Anders als andere Werke Thomas Manns, deren Umsetzung in das Medium des Films große Beachtung fand, so v.a. Luchino Viscontis Verfilmung des *Tod in Venedig*, war die einzige Verfilmung von *Tonio Kröger* 1964 durch Rolf Thiele trotz der Besetzung mit renommierten Schauspielern wie Jean-Claude Brialy als Tonio Kröger und Nadja Tiller als Lisaweta Iwanowna kein nachhaltiger Erfolg. Der Film entfernt sich »durch eine psychologisierende Interpretation und durch die Verfremdung der Lisaweta-Gestalt weitgehend von der grundsätzlichen Künstler-Bürger-Thematik« und hebt »dagegen eine autobiographische Spur der Textvorlage« hervor (Renner 1990, S. 800). Eine ausführliche Analyse des Films und seiner Entstehungsgeschichte bietet Gabriele Seitz:

»Tonio Kröger ist dargestellt als ›Spätling der Romantik‹, jedoch ohne daß die intellektuellen, gesellschaftlichen und geistesgeschichtlichen Bedingungen dieser Figur – die eher von einer trockenen Sentimentalität bestimmt ist, als daß sie eine Entwicklung zum sentimentalischen Künstler veranschaulicht – die Brisanz des Künstler-Bürger-Problems und ihr Zeitbezug überzeugend deutlich gemacht werden. Das Problem der Identität stellt sich daher als ein psychologistisch und filmisch stimmungsvoll gestaltetes, privates Problem mehr des Mannes als des Künstlers Tonio Kröger dar.« (Seitz 1979, S. 452)

Bei Publikum und Kritik löste der Film als seit Jahren erster deutscher Beitrag zur Biennale in Venedig heftige und kontroverse Diskussionen aus (vgl. ebd., S. 457).

»Wenn wir nun die Kritik des 1964 uraufgeführten Films ›Tonio Kröger‹ mit der Aufnahme der 1903 erschienenen Erzählung vergleichen, läßt sich feststellen: die Rezeption des Films ist – wenngleich unter unterschiedlichen Aspekten – ebenso heterogen wie die der Erzählung. Als gemeinsamer Nenner für Literatur- und Filmkritik stellt sich die Auffassung dar, beim ›Tonio Kröger‹ handele es sich um ein autobiographisches Dokument Thomas Manns. Viele Kritiker, die ihre stark differierenden Ansichten über den Text der Besprechung des Films vorausschicken, halten die Erzählung für schwer verfilmbar oder überhaupt nicht für eine Adaption geeignet. Sie begründen dies vor allem mit der Handlungsarmut der Vorlage, nicht mit ihrer Thematik, die – soweit hier Äußerungen vorliegen – als zeitlos aktuell empfunden wird.« (ebd. S. 462)

6 Literaturverzeichnis

1. Textausgaben

Mann, Thomas: »Tonio Kröger« und »Mario und der Zauberer. Ein tragisches Reiseerlebnis«. Frankfurt a. M. 1992 (= Fischer-Taschenbuch Bd. 1381) [nach dieser Ausgabe wird im Text mit Seitenzahl zitiert].

Mann, Thomas: Gesammelte Werke in 13 Bdn. Frankfurt a. M. 1960, 1974 [im Text zitiert als: GW mit Bandnummer und Seitenzahl].

2. Briefe

Mann, Erika (Hrsg.): Thomas Mann: Briefe 1889-1936. Frankfurt a. M. 1961 [zitiert als Briefe I].

Mann, Erika (Hrsg.): Thomas Mann: Briefe 1937-1947. Frankfurt a. M. 1963 [zitiert als Briefe II].

Mann, Erika (Hrsg.): Thomas Mann: Briefe 1848-1955 und Nachlese. Frankfurt a. M. 1965 [zitiert als Briefe III].

3. Zum sozial- und literarhistorischen Hintergrund

Bürger und Bürgerlichkeit im 19. Jahrhundert. Hrsg. v. *Jürgen Kocka.* Mit Beiträgen von Hermann Bausinger u. a. Göttingen 1987 (= Sammlung Vandenhoeck).

Fischer, Jens Malte: Fin de siècle. Kommentar zu einer Epoche. München 1978.

Habermas, Jürgen: Strukturwandel der Öffentlichkeit. Neuwied, Berlin 1971 (= Sammlung Luchterhand 25) (zuerst 1962).

Hauser, Arnold: Soziologie der Kunst. München 1974.

Hohendahl, Peter Uwe: Bürgerliche Literaturgeschichte und nationale Identität. Bilder vom deutschen Sonderweg. In: *Kocka, Jürgen* (Hrsg.): Bürgertum im 19. Jahrhundert. Deutschland im europäischen Vergleich. Bd. 3. München 1988 (= dtv 4482), S. 200-231.

Kocka, Jürgen: Bürgertum und bürgerliche Gesellschaft im 19. Jahrhundert. Europäische Entwicklungen und deutsche Eigenarten. In: *J. K.* (Hrsg.): Bürgertum im 19. Jahrhundert. Deutschland im europäischen Vergleich. Bd. 1. München 1988 (= dtv 4482), S. 11-76.

Koppen, Erwin: Dekadenter Wagnerismus. Studien zur europäischen Literatur des Fin de siècle. Berlin, New York 1973 (= Komparatistische Studien Bd. 2).

Kreuzer, Helmut: Die Boheme. Analyse und Dokumentation der intellektuellen Subkultur vom 19. Jahrhundert bis zur Gegenwart. Stuttgart 1971 (zuerst 1968 mit dem Untertitel: Beiträge zu ihrer Beschreibung).

Rasch, Wolfdietrich: Aspekte der deutschen Literatur um 1900. In: *Žmegač, Victor* (Hrsg.): Deutsche Literatur der Jahrhundertwende. Königstein/Ts. 1981, S. 18-48 (zuerst 1967).

Rasch, Wolfdietrich: Die literarische Décadence um 1900. München 1986.

Rosenhaupt, Hans Wilhelm: Die Kritik des Dichters an der bürgerlichen Gesellschaft. In: *Žmegač, Viktor* (Hrsg.): Deutsche Literatur der Jahrhundertwende. Königstein/Ts. 1981, S. 62-80 (zuerst 1939).

Schmidt, Jochen: Die Geschichte des Genie-Gedankens in der deutschen Literatur, Philosophie und Politik 1750-1945. Bd. 1.: Von der Aufklärung bis zum Idealismus. Darmstadt 1985. (a)
Bd. 2: Von der Romantik bis zum Ende des Dritten Reichs. Darmstadt 1985. (b)

Schwerte, Hans: Deutsche Literatur im Wilhelminischen Zeitalter. In: *Žmegač, Viktor* (Hrsg.): Deutsche Literatur der Jahrhundertwende. Königstein/Ts. 1981, S. 2-17 (zuerst 1964).

Wehler, Hans-Ulrich: Deutsche Gesellschafts-Geschichte. Bd. 1: Vom Feudalismus des Alten Reiches bis zur Defensiven Modernisierung der Reformära. 1700-1815. München 1987. (a)
Bd. 2: Von der Reformära bis zur industriellen und politischen ›Deutschen Doppelrevolution‹. 1815-1845/49. München 1987. (b)

Wuthenow, Ralph-Rainer: Muse, Maske, Meduse. Europäischer Ästhetizismus. Frankfurt a. M. 1978 (= es 897).

Žmegač, Viktor (Hrsg.): Deutsche Literatur der Jahrhundertwende. Königstein/Ts. 1981.

4. Zum Gesamtwerk mit besonderer Berücksichtigung des Frühwerks

Banuls, André: Schopenhauer und Nietzsche im Frühwerk der Brüder Mann. Der Kleiderschrank, Das Wunderbare und andere Novellen. In: *A. B.:* Phantastisch zwecklos? Essays über Literatur. Würzburg 1986, S. 127-145.

Banuls, André: Thomas Mann. Leben und Persönlichkeit. In: Thomas-Mann-Handbuch 1990, S. 1-17. (a)

Banuls, André: Thomas Mann und die französische Literatur. In: Thomas-Mann-Handbuch 1990, S. 212-229. (b)

Bludau, Beatrix / Heftrich, Eckhard / Koopmann, Helmut (Hrsg.): Thomas Mann 1875-1975. Vorträge in München, Zürich, Lübeck. Frankfurt a. M. 1977.

Buddenbrooks-Handbuch. Hrsg. v. *Ken Moulden* und *Gero von Wilpert.* Stuttgart 1988.

Bürgin, Hans / Mayer, Hans-Otto: Thomas Mann. Eine Chronik seines Lebens. 2. Aufl. 1974.

Cerf, Steven: Thomas Mann und die englische Literatur. In: Thomas-Mann-Handbuch 1990, S. 230-242.

Dierks, Manfred: Thomas Mann und die Tiefenpsychologie. In: Thomas-Mann-Handbuch 1990, S. 284-300.

Diersen, Inge: Thomas Mann. Episches Werk – Weltanschauung – Leben. Berlin, Weimar 1975.

Frizen, Werner: Thomas Mann und das Christentum. In: Thomas-Mann-Handbuch 1990, S. 307-326.

Geiser, Christoph: Naturalismus und Symbolismus im Frühwerk Thomas Manns. Bern, München 1971.

Häfele, Josef / Stammel, Hans: Thomas Mann. »Der Tod in Venedig«. Frankfurt a. M. 1992 (= Grundlagen und Gedanken zum Verständnis erzählender Literatur).

Hansen, Volkmar: Thomas Mann. Stuttgart 1984 (= Sammlung Metzler 211).

Haug, Hellmut: Erkenntnisekel. Zum frühen Werk Thomas Manns. Tübingen 1969 (= Studien zur deutschen Literatur 15).

Heller, Erich: Thomas Mann. Der ironische Deutsche. Frankfurt a. M. 1959 (als Taschenbuch Frankfurt a. M. 1975).

Internationales Thomas-Mann-Kolloquium 1986 in Lübeck. Bern 1987 (= Thomas-Mann-Studien Bd. 7).
Jendreiek, Helmut: Thomas Mann. Der demokratische Roman. Düsseldorf 1977.
Klussmann, Paul Gerhard: Die Struktur des Leitmotivs in Thomas Manns Erzählprosa. In: *Wolff, Rudolf* (Hrsg.): Thomas Mann. Erzählungen und Novellen. Bonn 1984 (= Sammlung Profile Bd. 8), S. 8-26.
Koopmann, Helmut: Thomas Mann. Konstanten seines literarischen Werks. Göttingen 1975.
Koopmann, Helmut: Der schwierige Deutsche. Studien zum Werk Thomas Manns. Tübingen 1988.
Koopmann, Helmut: Humor und Ironie. In: *H. K.* (Hrsg.): Thomas-Mann-Handbuch 1990, S. 836-853.
Kristiansen, Børge: Thomas Mann und die Philosophie. In: Thomas-Mann-Handbuch 1990, S. 259-283.
Kurzke, Hermann: Thomas Mann. Epoche – Werk – Wirkung. München 1985 (= Arbeitsbücher zur Literaturgeschichte. Beck'sche Elementarbücher).
Kurzke, Hermann: Betrachtungen eines Unpolitischen. In: Thomas-Mann-Handbuch 1990, S. 678-695. (a)
Kurzke, Hermann: Die politische Essayistik. In: Thomas-Mann-Handbuch 1990, S. 696-706. (b)
Lehnert, Herbert: Thomas Mann. Fiktion – Mythos – Religion. 2., veränderte Aufl. Stuttgart 1968 (zuerst 1965).
Lehnert, Herbert: Thomas Mann und die deutsche Literatur seiner Zeit. In: Thomas-Mann-Handbuch 1990, S. 137-163.
Lehnert, Herbert: Der Dichter der freischwebenden Ästhetik: Thomas Mann. In: *Grimm, Gunter E.:* Metamorphosen des Dichters. Das Selbstverständnis deutscher Schriftsteller von der Aufklärung bis zur Gegenwart. Frankfurt a. M. 1992 (= Fischer Taschenbuch Bd. 10722), S. 197-213.
Marx, Leonie: Thomas Mann und die skandinavischen Literaturen. In: Thomas-Mann-Handbuch 1990, S. 164-199.
Mayer, Hans: Thomas Mann. Frankfurt a. M. 1980.
Mendelssohn, Peter de: Der Zauberer. Das Leben des deutschen Schriftstellers Thomas Mann. 1. Teil: 1875-1918. Frankfurt a. M. 1975.
Neumeister, Erdmann: Thomas Manns frühe Erzählungen. Der Jugendstil als Kunstform im frühen Werk. Bonn 1972 (= Abh. z. Kunst-, Musik- u. Literaturwissenschaft 133).
Northcote-Bade, James: Die Wagner-Mythen im Frühwerk Thomas Manns. Bonn 1975.
Orlik, Franz: »Wälsungenblut« und »Schwere Stunde«. Zwei Szenarien aus dem Jahre 1905 zum Thema der künstlerischen Produktion. In: *Wisskirchen, Hans:* »Die Beleuchtung, die auf mich fällt, hat... oft gewechselt«. Neue Studien zum Werk Thomas Manns. Würzburg 1991, S. 26-42.
Pavlova, Nina: Thomas Mann und die russische Literatur. In: Thomas-Mann-Handbuch 1990, S. 200-211.
Pütz, Peter (Hrsg.): Thomas Mann und die Tradition. Frankfurt a. M. 1971.
Pütz, Peter: Kunst und Künstlerexistenz bei Nietzsche und Thomas Mann. 2., durchges. und erg. Aufl. Bonn 1975.
Reed, Terence J.: Thomas Mann. The Uses of Tradition. Oxford 1974.
Reed, Terene J.: Thomas Mann und die literarische Tradition. In: Thomas-Mann-Handbuch 1990, S. 95-136.

Renner, Rolf G.: Lebens-Werk. Zum inneren Zusammenhang der Texte von Thomas Mann. München 1985.
Renner, Rolf G.: Verfilmungen der Werke von Thomas Mann. In: Thomas-Mann-Handbuch 1990, S. 799-822.
Schröter, Klaus: Thomas Mann in Selbstzeugnissen und Bilddokumenten. Reinbek 1964 (neubearb. 1975) (= rororo Bildmonographien 93).
Text und Kritik. Sonderband »Thomas Mann«. 2. Aufl. München 1982.
Thomas-Mann-Handbuch. Hrsg. v. *Helmut Koopmann.* Stuttgart 1990.
Vaget, Hans Rudolf: Thomas Mann. Kommentar zu sämtlichen Erzählungen. München 1984.
Vaget, Hans Rudolf: Die Erzählungen. In: Thomas-Mann-Handbuch 1990, S. 534-618.
Windisch-Laube, Walter: Thomas Mann und die Musik. In: Thomas-Mann-Handbuch 1990, S. 327-342.
Wolff, Rudolf (Hrsg.): Thomas Mann. Erzählungen und Novellen. Bonn 1984 (= Sammlung Profile Bd. 8).
Wysling, Hans (Hrsg.): Dichter über ihre Dichtungen. Thomas Mann. Teil I: 1883-1917. Passau 1975.
Wysling, Hans: Thomas Mann heute. Sieben Vorträge. Bern, München 1976.
Wysling, Hans: Narzißmus und illusionäre Existenzform. Zu den Bekenntnissen des Hochstaplers Felix Krull. Bern, München 1982.
Zeller, Michael: Väter und Söhne bei Thomas Mann. Der Generationsschritt als geschichtlicher Prozeß. Bonn 1974.

5. Zu »Tonio Kröger«

Beisbart, Ortwin: Thomas Mann: »Tonio Kröger«. In: *Lehmann, Jakob* (Hrsg.): Deutsche Novellen von Goethe bis Walser. Interpretationen für den Deutschunterricht. Bd. 2: Von Fontane bis Walser. Königstein/Ts. 1980, S. 101-124.
Bellmann, Werner: Thomas Mann: »Tonio Kröger«. Erläuterungen und Dokumente. Durchges. u. erg. Ausgabe Stuttgart 1986 (zuerst 1983).
Bennet, Benjamin: Casting out Nines. Structure, Parody and Myth in »Tonio Kröger«. In: Revue des Langues vivantes 42 (1976), S. 126-146.
Detering, Heinrich: »Der Litterat als Abenteurer«. »Tonio Kröger« zwischen »Dorian Gray« und »Der Tod in Venedig«. In: Forum Homosexualität und Literatur 14 (1992), S. 5-22.
Hansen, Volkmar: Thomas Manns Heine-Rezeption. Hamburg 1975. [Zu »Tonio Kröger« S. 101-111.]
Koopmann, Helmut: Hanno Buddenbrook, Tonio Kröger und Tadzio. Anfang und Begründung des Mythos im Werk Thomas Manns. In: *Wolff, Rudolf* (Hrsg.): Thomas Mann. Erzählungen und Novellen. Bonn 1984 (= Sammlung Profile Bd. 8), S. 68-85 (zuerst in: Gedenkschrift für Thomas Mann 1875-1975. Hrsg. v. *Rolf Wiecker.* Kopenhagen 1975, S. 53-65).
Laage, Karl Ernst: Thomas Manns Verhältnis zu Theodor Storm und Iwan Turgenjew (dargestellt an der Novelle »Tonio Kröger«). In: Blätter der Thomas-Mann-Gesellschaft 20 (1983/84), S. 15-29.
Lehnert, Herbert: »Tristan«, »Tonio Kröger« und »Der Tod in Venedig«. Ein Strukturvergleich. In: Orbis litterarum 24 (1969), S. 271-304.

Ohl, Hubert: Das Meer und die Kunst. Über den Zusammenhang von Erzählstruktur und Symbolik in Thomas Manns Novelle »Tonio Kröger«. In: Literatur in Wissenschaft und Unterricht 22 (1989), S. 99-116.

Reed, Terence J.: Text and History: »Tonio Kröger« and the Politics of Four Decades. In: Publications of the English Goethe Society 57 (1986/87), S. 39-54.

Reich-Ranicky, Marcel: Eine Jahrhunderterzählung: »Tonio Kröger«. In: *M. R.-R.:* Thomas Mann und die Seinen. Stuttgart 1987, S. 93-108.

Rieckmann, J.: Brüderliche Möglichkeiten: Thomas Manns »Tonio Kröger« und Heinrich Manns »Abdankung«. In: Wirkendes Wort 34 (1984), S. 422-426.

Santoli, Vittorio: Drei Erzählungen Thomas Manns. In: *V. S.:* Philologie und Kritik. Forschungen und Aufsätze. Bern, München 1971, S. 162-187.

Seitz, Gabriele: Film als Rezeptionsform von Literatur. Zum Problem der Verfilmung von Thomas Manns Erzählungen »Tonio Kröger«, »Wälsungenblut« und »Der Tod in Venedig«. München 1979 (= tuduv-Studien. Reihe Sprach- und Literaturwissenschaften 12).

Sheppard, Richard: »Tonio Kröger« and »Der Tod in Venedig«. From Bourgeois Realism to Visionary Modernism. In: Oxford German Studies 18/19 (1989/90), S. 92-108.

Sørensen, Bengt Algot: Die symbolische Gestaltung in den Jugenderzählungen Thomas Manns. In: Orbis litterarum 20 (1965), S. 85-97.

Swales, Martin W.: Punctuation and the Narrative Mode. Some Remarks on »Tonio Kröger«. In: Forum for Modern Language Studies 6 (1970), S. 235-242.

Vaget, Hans Rudolf: Thomas Mann. Kommentar zu sämtlichen Erzählungen. München 1984. [Zu ›Tonio Kröger‹ S. 105-122.]

Ward, Mark G.: More than ›Stammesverwandtschaft‹? On Tonio Kröger's reading of »Immensee«. In: German Life and Letters 36 (1982/83), S. 301-316.

Wetzel, Heinz: The Seer in the Spring. On »Tonio Kröger« and »The Waste Land«. In: Revue de Littérature Comparée 44 (1970), S. 322-332.

Wetzel, Heinz: Erkenntnisekel. Motivkorrespondenzen zwischen Heines »Götterdämmerung« und Thomas Manns »Tonio Kröger«. In: Heine-Jahrbuch 20 (1981), S. 163-169.

Wysling, Hans: Dokumente zur Entstehung des »Tonio Kröger«. In: *Scherrer, Paul/Wysling, Hans.* Quellenkritische Studien zur Werk Thomas Manns. Bern, München 1967 (= Thomas-Mann-Studien Bd. 1), S. 48-63.

987 654 321

Grundlagen und Gedanken zum Verständnis erzählender Literatur

Interpretationshilfen

Herausgegeben von Hans-Gert Roloff.

Andersch, Sansibar oder der letzte Grund. (K. Sollmann)	(6163)
Becker, Jakob der Lügner. (H. Krauss und E. Schütz)	(6169)
Böll, Ansichten eines Clowns. (B. Balzer)	(6038)
Böll, Die verlorene Ehre der Katharina Blum. (B. Balzer)	(6041)
Brecht, Geschichten vom Herrn Keuner. (D. Wöhrle)	(6055)
Büchner, Lenz. (R. Thieberger)	(6031)
Dürrenmatt, Der Richter und sein Henker. (G. P. Knapp)	(6037)
Fontane, Effi Briest. (C. Grawe)	(6040)
Fontane, Irrungen, Wirrungen. (K. Sollmann)	(6054)
Frisch, Homo faber. (M. und G. P. Knapp)	(6043)
Frisch, Stiller. (J. Petersen)	(6173)
Goethe, Die Leiden des jungen Werther. (S. Blessin)	(6032)
Goethe, Die Wahlverwandtschaften. (T. Elm)	(6034)
Grimmelshausen, Der abentheurliche Simplicissimus Teutsch. (W. Busch)	(6033)
Hartmann von Aue, Der arme Heinrich. (B. Könneker)	(6044)
Heine, Deutschland. Ein Wintermärchen. (K. Fingerhut)	(6167)
Kafka, Der Prozeß. (H. D. Zimmermann)	(6039)
Kafka, Die Verwandlung. (U. Abraham)	(6172)
Kleist, Die Marquise von O . . . (K. Schwind)	(6166)
Kleist, Michael Kohlhaas. (E. Fischer-Lichte)	(6050)
H. Mann, Der Untertan. (K. Jarmatz)	(6053)
Th. Mann, Buddenbrocks. (H. Koopmann)	(6042)
Th. Mann, Der Tod in Venedig. (J. Häfele und H. Stammel)	(6161)
Th. Mann, Tonio Kröger. (I. Wild)	(6052)
Das Nibelungenlied. (W. Hoffmann)	(6046)
Schiller, Der Verbrecher aus verlorener Ehre. (R. Kawa)	(6162)
Seghers, Das siebte Kreuz. (B. Spies)	(6059)
Storm, Der Schimmelreiter. (G. Weinreich)	(6045)
Wolf, Der geteilte Himmel. (I. Gerlach)	(6170)

Diesterweg 633/12